QINGTIAN

—初心如磐 匠心国调—

浙江青田调查队志

国家统计局青田调查队 编

中国文史出版社

图书在版编目（CIP）数据

浙江青田调查队志 / 国家统计局青田调查队编 .

北京 : 中国文史出版社 , 2024. 9. -- ISBN 978-7-5205-4867-0

Ⅰ . C811

中国国家版本馆 CIP 数据核字第 2024Z3M243 号

责任编辑：戴小璇　　詹红旗

出版发行：中国文史出版社

社　　址：北京市海淀区西八里庄 69 号院　　邮编：100142

电　　话：010- 81136606　81136602　81136603（发行部）

传　　真：010-81136655

印　　装：丽水明天出版印务有限公司

经　　销：全国新华书店

开　　本：787×1092　1/16

印　　张：16.25

字　　数：240 千字

版　　次：2024 年 10 月北京第 1 版

印　　次：2024 年 10 月第 1 次印刷

定　　价：158.00 元

《浙江青田调查队志》编纂委员会

顾　问：沈国良　张成新　郭海光　陈海民　高金华　张晓勇

主　任：周立军

副主任：夏晓珍　季　铭　汤宏波

成　员：叶选廉（财政局）　周王书（农业农村局）

　　　　赖碎科（统计局）　颜坚毅（发改局）

　　　　夏　晖（人社局）　赵国新（档案局）

　　　　吴金波（国调队）　徐向艳（国调队）

《浙江青田调查队志》编写组

组　长：夏晓珍

副组长：吴金波　徐向艳　赖碎科　洪祖荣　刘正火

成　员：王　贵　黄夏真　邬荣福　陈项通　涂晓芬

　　　　吴子恬　洪　泓　陈　琛　王　晓　陈丽静

主　笔：刘正火

序

　　《浙江青田调查队志》属方志的一种，是记载青田调查队发展历史的书籍。在一年多的时间里，在县委、县政府领导的关心下，经过青田调查队编纂小组对提纲的设计和讨论、资料的搜集和整理、内容的编排和修改，细致的审定和校对，《浙江青田调查队志》终于成功定稿了。本志是浙江省第一部县级调查队队志，内容丰富、脉络分明、条理清楚、语言朴实，充分展示了青田调查队在38年的风风雨雨中所走过的扎实历程和取得的显著成绩，充分体现了青田调查队人员顽强拼搏、团结奋斗、实事求是、开拓创新的敬业精神，也为青田乃至全市、全省提供了一份难得的史料。在此，我作为浙江省农调队和企调队老队员、浙江调查总队退休干部，对《浙江青田调查队志》的成功付梓表示热烈的祝贺！

　　青田调查队是为国家抽样调查需要而建立的一支调查队，麻雀虽小，五脏俱全，是中央直属的参公事业单位，是国家统计局派出的正科级机构，是统计战线上的一支轻骑兵。38年来，青田调查队在国家统计局、浙江调查总队和中共青田县委、县政府的领导下，在各乡镇（街道）的大力支持下，全体人员怀着对党的无限忠诚，对调查事业的无比热爱，对调查制度的严格执行，对调查业务的熟练掌握，以朝气蓬勃、奋发向上的精神风貌，以驰而不息、爬坡过坎的战斗作风，坚决严格要求、科学准确地完成了各项统计调查任务，以功成不必在我的胸怀、功成必定有我的担当，积极向国家调查队前列迈进。较好地完成了上级布置的国家统计调查任务，同时也全力为青田县委、县政府科学决策提供了扎实的统计调查支撑，为青田的社会进步和经济发展做出了积极贡献。

青田调查队发端于青田农调队，铁打的营盘流水的兵，随着青田调查队各项调查事业的发展，同时也磨炼出了许多人才。一个只有8个编制的小单位，在38年中，除了担任调查队领导的8人外，居然从一般干部中走出7个副科级以上的行政领导干部（包括调出本队升职的、借用县统计局升职的人员），其中正处级1人、副处级3人、正科级1人、副科级2人。可谓人才辈出，这在全国的县级调查队中也是不多见的。

习近平总书记指出："重视历史、研究历史、借鉴历史，可以给人类带来很多了解昨天、把握今天、开创明天的智慧。"坚信青田调查队在全国人民向第二个一百年宏伟目标挺进的新征程中，在以习近平同志为核心的党中央领导下，踔厉奋发，勇毅前行，攥指成拳，凝心聚力，将会取得更加优异的成绩，做出更加突出的贡献。

（国家统计局浙江调查总队原副总队长、二级巡视员）

2023年10月

编纂说明

一、本《浙江青田调查队志》资料自 1984 年至 2021 年。

二、所记录的大小事情一般以文件为准。

三、表示年月日时间的文字统一用阿拉伯数字。

四、在表述时，文件号采用统一规范的式样，如："青田县人民政府办公室发出青政办字〔2007〕118 号文件《关于启用国家统计局青田调查队印章的通知》。"文件名称中的发文机关名称"青田县人民政府办公室"省略，不再重复，以此类推。

五、文件的时间以文件落款的日期为准，而不以发出的日期。

六、调查队人员的照片和名单以进队时间先后为序。领导人员的名单以任命的时间先后为序。

七、大事记、获奖情况、文章选编均按时间先后顺序排列。

八、辅助调查员的姓名以其本人签字的姓名为准。

九、借用到县统计局工作的人员在借用期间被评为各级先进个人的列入"获奖情况"，不在调查队期间获得的各种先进个人的不列入。

十、根据《中华人民共和国统计法》保密之规定，牵涉抽样调查的个人信息不予公开。

目　录

领导调研

2016 年 10 月 13 日，浙江调查总队副总队长程定尧一行来青调研指导财务工作。

2016 年 10 月 27 日，浙江调查总队副总队长陈敏、企业处及温州调查队来青开展支部活动。

2017 年 7 月 4 日，浙江调查总队副总队长张兴华来青调研，丽水调查队队长蒋晓红陪同。

2017 年 10 月 26 日，国家统计局北京调查总队副总队长孙晓东、浙江调查总队副总队长陈敏在丽水调查队副队长张晓勇陪同下，来青调研。

2017 年 11 月 21 日，总队副总队长徐学金到温溪镇指导调研党风廉政满意度调查工作，丽水调查队副队长张晓勇陪同。

2018 年 5 月 24 日，省市县支部联动，参观毛主席五九批示纪念碑。

2018年3月14日，浙江调查总队仲柯总队长一行来青调研统计调查工作，丽水调查队队长邬淑萍陪同调研。

2018年7月13日，浙江调查总队纪检组长车艳萍同志来青调研全面从严治党工作。

2018 年 10 月 24 日，浙江调查总队住户处副处长黄程一行来青调研农民增收情况。

2019 年 2 月 15 日，青田县委常委、常务副县长陈铭来队慰问关怀国调干部职工。

2019 年 6 月 19 日，青田县委常委、常务副县长陶军友到队走访指导工作。

2019 年 7 月 3 日，浙江调查总队副总队长沈国良一行来青开展"不忘初心、牢记使命"主题教育专题调研，丽水调查队队长邬淑萍陪同调研。

2019 年 10 月 9 日，浙江调查总队生价处处长吴晓燕一行来青参加"不忘初心、牢记使命"主题教育主题党日活动，参观青田革命烈士纪念馆。

2020 年 2 月 19 日，青田县副县长陈海民到队调研。

2020 年 7 月 20 日，浙江调查总队二级巡视员邵建伟一行来青调研采购经理指数调查工作，丽水调查队队长邬淑萍陪同调研。

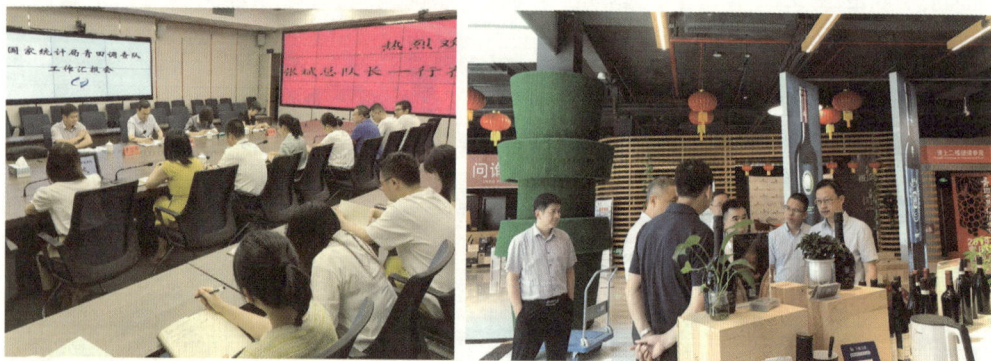

2020 年 8 月 7 日，浙江调查总队总队长张斌一行来青调研工作。

2020年9月7日，浙江调查总队副总队长王萍一行来青检查粮食产量调查数据质量。

2020年10月15日，浙江调查总队二级巡视员徐学金来青调研劳动力调查工作，丽水调查队队长邬淑萍陪同调研。

2021年1月27日，丽水调查队队长邬淑萍一行来青调研劳动力和住户调查工作。

2021年4月1日，浙江调查总队财务处处长蒋采祥一行来青调研财务工作。

2021 年 4 月 2 日，丽水调查队队长张成新一行来青调研工作。

2021 年 4 月 12 日，青田县县长潘伟来队调研指导工作，副县长陈海民陪同调研。

2021年5月27日，浙江调查总队副总队长王文娜一行来青开展全面从严治党"两个责任"落实情况专项检查及党史学习教育巡回指导，丽水调查队纪检组长江兆鸿陪同调研。

2021年10月20日，浙江调查总队副总队长吴磊来青调研指导工作，丽水调查队队长张成新陪同调研。

2021 年 12 月 23 日，丽水调查队队长张成新来青开展十九届六中全会精神宣讲。

队员风采

1986 年 10 月，包霞村同志与 4 个辅助调查员被评为全国农调系统先进个人，另 4 个辅助调查员为省级先进个人。

1989 年 12 月住户调查年报会议
前排左起：叶品清、叶伯谦、夏海平、叶盛、包霞村、王爱玲、尹平兴、
　　　　　林华飞、黄明德
中排左起：赵岳甫、陈海民、徐志忠、朱友池、高金华、吴永金、廖光、
　　　　　陈宝英
后排左起：朱国新、蓝一、朱振南、阮旭平、张德松、杜光朝、朱环

从左至右：郭海光、包霞村、蓝一、阮旭平

从左至右：陈海民、阮旭平、高金华、郭海光

前排左起：吴金波、刘正火、洪祖荣、夏晓珍、徐向艳
中排左起：陈丽静、黄夏真、王　晓、陈镕懿、王　贵、洪　弘
后排左起：陈项通、张子旺、邬荣福、陈　琛

2008 年 2 月 14 日，中共青田县委办公室、青田县人民政府办公室在县财政大楼 14 楼会议室举行"国家统计局青田调查队成立大会暨授牌仪式"。国家统计局浙江调查总队党组书记、总队长梁普明，中共青田县委副书记、青田县人民政府县长邝平正，丽水市统计局局长、调查队队长董淑萍分别致辞，会议由青田县人民政府常务副县长季力华主持。

"国家统计局青田调查队成立大会暨授牌仪式"会场

国家统计局浙江调查总队总队长梁普明和青田县人民政府县长邝平正为青田调查队授牌，青田县统计局局长周冠华和国家统计局青田调查队队长洪祖荣接牌。

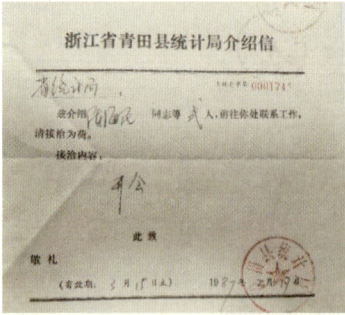

开会介绍信

下乡工作介绍信

下乡工作介绍信

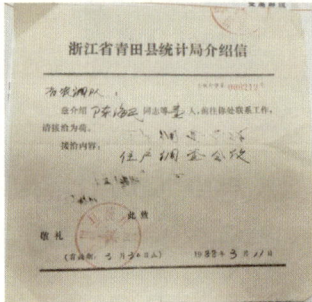

进村调查介绍信

下乡调查介绍信

下乡调查介绍信

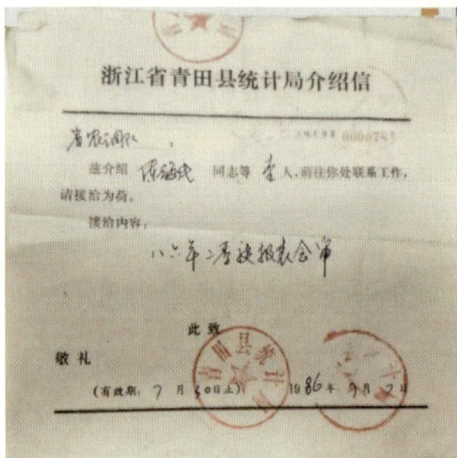

到省厅联系工作介绍信

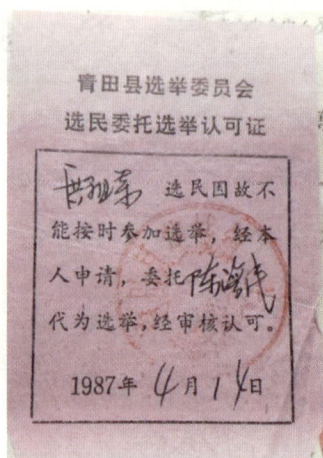

委托选举认可证

1994 年 4 月 7 日，刘正火同志在全省农调工作会议上领取一九九三年度调查工作达标优胜单位奖状。右一是刘正火。

1996 年 8 月 3 日至 14 日刘正火同志在北戴河河北省统计培训中心参加全国农调队长培训会议，图为刘正火（左三）与国家调查队副队长成克礼（左四）及部分省市调查队长的合影。

海口镇泗洲埠村住户辅助调查员朱环正在指导记账户王正明记账。

负责住户调查的倪福彬同志正在录入记账户数据。

2019 年 11 月 21 日青田调查队与城镇居民调查户举行座谈会。

水稻实割实测测框选取的演示。

船寮镇垟肚村农产量调查员余海珍正在用测量绳测量田块面积。

2019 年 9 月 17 日在仁庄镇冯垟村田块样方开展粮食产量实割实测调查。

负责农业调查的单小龙同志正在用无人机测量夏播面积。

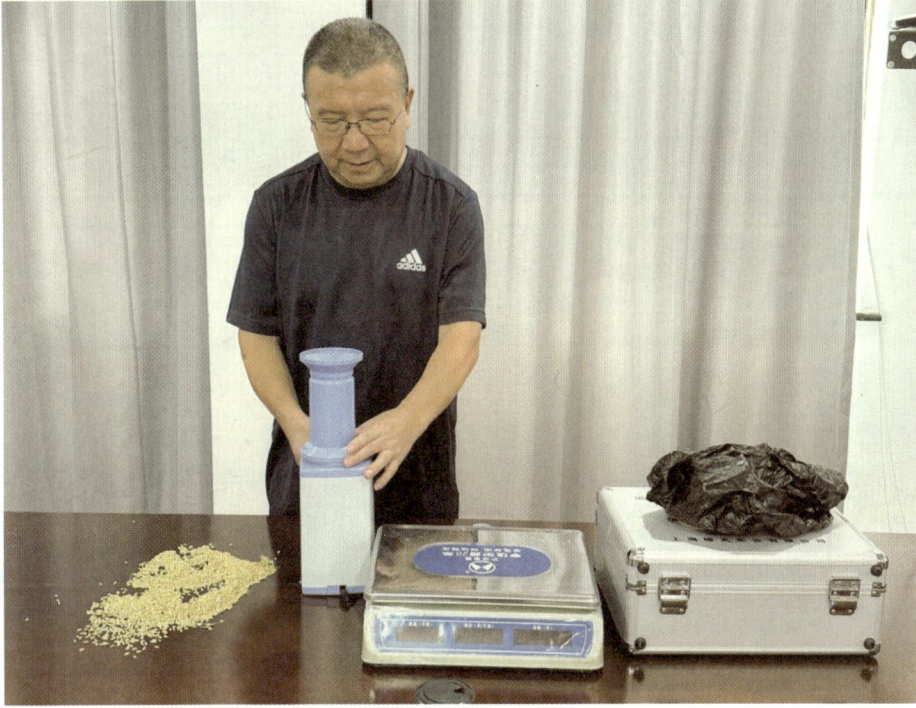

负责农产量调查的洪祖荣同志正在做单季晚稻水分化验。

青田队党支部到仁庄冯垟村农业调查样方开展"不忘初心、体验农事"志愿服务。

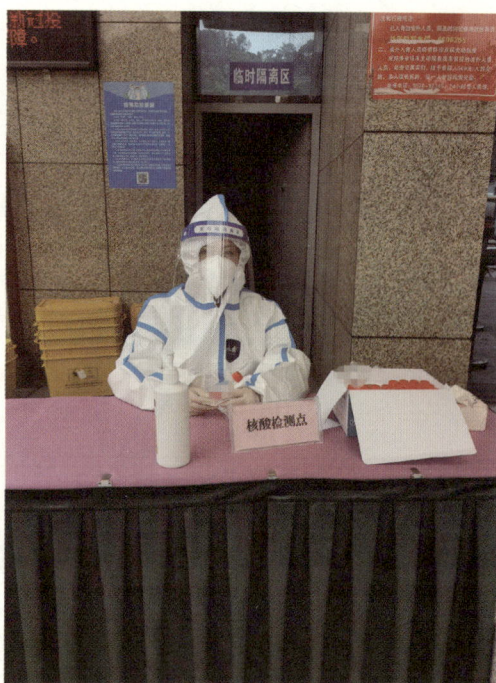

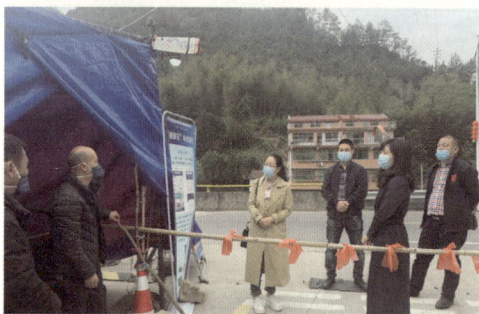

2020年至2022年，青田队党员干部积极下沉高湾社区、汤垟乡参与绿码宣传、卡口值守、守"小门"、海外侨胞返青排摸、侨情。

调查核酸检测站点值守等系列疫情防控工作，左边为王贵。

青田调查队纪检组吴金波、徐向艳、陈项通对本队财务进行监督检查。

开展"学党史明目标、敢担当善作为"演讲比赛，陈琛、王贵、黄夏真获奖。

青田调查队组织全员
参观清廉文化作品展

前排左起：洪泓、黄夏真、夏晓珍、王贵
后排左起：王晓、陈项通、张子旺、徐向艳、吴金波

青田队党支部邀请优秀住户辅调员一起到方山红色教育基地开展"七一"主题党日活动。

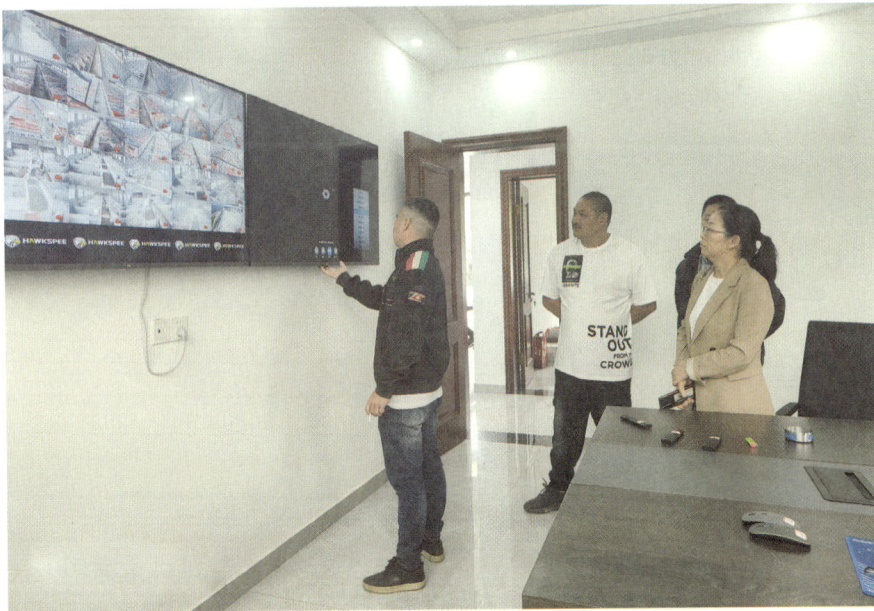

青田队走访畜禽规模养殖户，通过大数据监控查看生猪养殖情况。

统计执法人员邬荣福、陈项通对广得利无纺布有限公司开展现场统计执法检查。

统计执法人员邬荣福、陈项通对青田美进家五金锁业有限公司开展现场统计执法检查。

邬荣福到丽水市神飞利益保安用品有限公司，进行工价数据质量检查。

办公新貌

调查队照壁

调查队信息公开栏

调查队干部名牌

调查队办公室实景

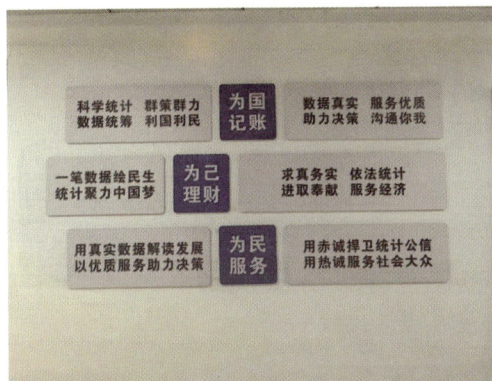

调查队宣传栏

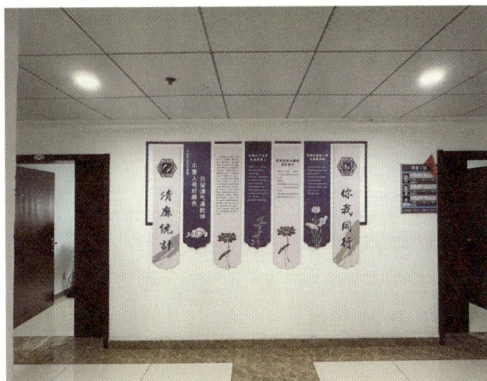

调查队文化墙

调查队干部名牌

调查队办公室实景

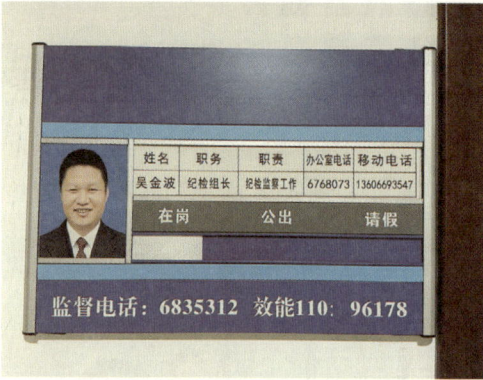

调查队干部名牌

调查队办公室实景

调查队干部名牌

调查队办公室实景

调查队干部名牌

调查队办公室实景

调查队干部名牌

调查队办公室实景

会议室

档案室

第一章

综合概况

第一节　调查队概述

1984 年，我国的改革开放进入一个新的发展时期，农村的联产承包责任制全面施行，城市改革也迈出了新的步伐，农村和城市都发生了深刻变化。为了迅速地了解农村和城市的变化情况，为国家科学决策服务，国务院决定对全国的农村和城市开展抽样调查。

青田县是国家抽中进行农村调查的县。根据浙江省计划经济委员会、浙江省编制委员会、浙江省劳动人事厅、浙江省财政厅、浙江省统计局联合发出浙计经文〔1984〕486 号、浙编〔1984〕66 号、浙劳人干〔1984〕146 号、浙财预字〔1984〕324 号、浙统办〔1984〕92 号文件《转发国家计委等四部门〈关于农村和城市两支抽样调查队组建工作的通知〉的通知》，被抽中的市县都要建立调查队。

青田县农村抽样调查队始建于 1984 年 9 月，至 2021 年底，已经走过 38 个年头。单位性质属中央属事业单位，是国家统计局的派出机构，属正科级的独立核算单位。

一、机构的变更

从 1984 年 9 月的"青田县农村抽样调查队"，到 1989 年 4 月更名为"青田县农村社会经济调查队"，再到 2007 年 8 月"国家统计局青田调查队"的成立，经历了两次变更。1984 年 9 月 4 日，青田县人民政府根据浙江省计委〔1984〕486 号文件精神，发出青政字〔1984〕143 号文件《关于建立青田县农村抽样调查队的通知》，批准建立青田县农村抽样调查队。青田县农村抽样调查队受上级调查队和县统计局双重领导，人员属事业编制。办公地点暂设县统计局。省计委〔1984〕486 号文件规定，县调查队配备队长、副队长（科级）各 1 人。队长由县统计局长兼任，配专职副队长。队长、副队长的任命，由县统计局提名，报县人民政府批准任命。抽样调查队人员属于国家干部，事业编制。核准青田县农村抽样调查队编制 6 人。招收录用干部的审批权限、录用后的工资待遇，均按劳动人事部〔1982〕147 号《吸收录用干部问题的若干规定》办理。经费列入中央和省统计事业费，统一管理，专款专用。按照国家财务制度的规定，建立财务机构，配备财务人员，并定期编报预决算，属独立核算单位。

1989 年 4 月 7 日，青田县人民政府发出青政字〔1989〕41 号文件，根据国家统计局统人字〔1989〕7 号文件和省农村社会经济调查队浙农调〔1989〕14 号文件精神，"青田县农村抽样调查队"更名为"青田县农村社会经济调查队"（简称青田县农调队）。核准人员编制 8 人。队长、副队长的任命，由县统计局提名，县委组织部上报，省统计局批准任命。

2007 年 5 月 8 日，国家统计局浙江调查总队、浙江省统计局联合发出浙调字〔2007〕52 号文件《关于设立国家统计局青田调查队的通知》，决定撤销青田县农村社会经济调查队；设立国家统计局青田调查队，青田调查队为正科级机构。2007 年 10 月，国家统计局浙江调查总队核准国家统计局青田调查队事业编制 8 人，领导职

数2名，正副队长各1名，内设机构3个。（加中层）

二、党组、党支部、工会等组织的变化

自1984年9月至2007年8月，青田调查队与县统计局同一个党支部，同一个工会。1991年5月县统计局建立党组后，调查队专职副队长任县统计局党组成员。2007年8月"国家统计局青田调查队"成立后，调查队与县统计局共建党组，名称仍为中共青田县统计局党组，调查队队长任中共青田县统计局党组副书记，仍然是同一个党支部、工会组织。2013年12月，国家统计局青田调查队单独建立党组。2014年6月，国家统计局青田调查队单独建立党支部。2015年3月，国家统计局青田调查队单独成立工会。2018年10月，中共国家统计局青田调查队党组配备专职纪检组长。

三、调查队内设机构的变化

2003年之前，青田调查队没有内设机构，只有人员分工。2003年7月7日，中共青田县统计局党组根据国统字〔1998〕107号、浙统人〔1998〕126号文件精神，向县编委发出青统党组〔2003〕5号文件《关于确定青田县农调队内设机构的报告》，经县编委核准，青田县农调队内设两个科室，科室名称分别为综合科和专业科。2014年4月，国家统计局青田调查队根据浙江调查总队的有关文件精神，对内部机构进行了调整，下设办公室、调查一科、调查二科，分别负责队内的日常事务、住户调查和农村调查工作。

四、调查队人员的变迁

1984年9月刚建队时，核准事业编制6人，实到工作人员4人。1984年12月增加2人。人员的来源包括大中专毕业生的分配和招聘两种。1989年4月更名为"青田县农村社会经济调查队"后，核

准事业编制 8 人，实际在职 6 人。后因人员调出和出国，曾招收临时工和合同工。1996 年国家实行公务员制度后，调查队人员参照公务员制度进行管理，仍然评定职称。2007 年 5 月更名为"国家统计局青田调查队"后，核准人员编制仍为 8 人。随着调查任务的不断增加，调查队的人员也逐步增加，人员素质也越来越高。截止到 2021 年底，全队在职人员共 13 人，正式编制 8 人，编外 1 人，劳务派遣 4 人，其中具有大学本科学历的 13 人，为 100%；中共党员 8 人，占 61.5%，共青团员 1 人，群众 4 人。从 2016 年开始，浙江调查总队对调查队系统领导干部进行考核，分为优秀、称职、基本称职、不称职等次，并对优秀等次的人员分别给予记三等功或嘉奖的奖励。从 2019 年开始，浙江调查总队对调查队系统的领导干部和非领导职务人员的职级进行考核，分为一级科员、二级科员、三级科员、四级科员。其中洪祖荣同志是从建队到退休始终从事调查队工作（38 年）的唯一一人。曾有 2 人荣获全国农调系统先进个人。有 6 人次在各种普查工作中获国家级先进个人称号。多人次获省、市、县各级先进个人称号（包括各种普查）。

青田调查队是一个培养人才的地方，除担任过调查队领导（包括兼任）的 8 位同志外，先后调出本队（包括借用县统计局的人员）升职为行政领导的共有 7 人，其中正处级 1 人，副处级 3 人，正科级 1 人，副科级 2 人。可谓人才辈出，春色满园。

五、办公条件不断改善

调查队的办公地点开始设在县府大院内，紧靠县统计局，五六个人挤在一个 15 平方米的办公室里，办公条件比较差。1987 年给每个队员配备自行车一辆。在 20 世纪的 80 年代，调查数据的汇总全靠手工操作，用算盘计算，每逢农产量季报、住户年报，单位借用的计经委小会议室里噼里啪啦打算盘声响成一片，活像在奏交响乐。

汇总数据经历了从用算盘到计算器，再到电脑三个阶段。从 20 世纪 90 年代开始，省队赠送，县府拨款购买，电脑不断更新，并且达到人手一台。实现数据汇总、传输上报自动化。

1995 年，经与县府办和统计局协商，县第三产业普查工作结束后留下的一个小办公室给县农调队使用。

2007 年 8 月 "国家统计局青田调查队" 成立后，又增加一个队长办公室。

2008 年 4 月由国家统计局浙江省调查总队和青田县人民政府拨款，配备 "本田" 小车 1 辆，大大方便了队员下乡。2016 年 12 月，根据国家机关公车改革的规定，青田调查队的公车停止使用，后接浙江省调查总队通知，此车交温州调查队。

2016 年 9 月，青田调查队与县统计局一起搬到塔山大楼办公，统计局在 6 楼，调查队在 7 楼。调查队的办公条件得到全面提升，办公使用面积达 226 平方米，其中办公室 6 个、使用面积 108.1 平方米；服务用房 117.9 平方米，其中会议室 1 个、大档案室 1 个、小档案室 2 个、杂物间 1 个。现代化办公设备逐步完善，截至 2021 年底，拥有掌上电脑 42 台、各种台式机 19 台、其他计算机软件 9 套、便携式计算机 5 台，摄影仪、多功能一体机、打印机、交换机、复印机、饮水机等各种设备一应俱全。

关于队员的住房，1987 年省队拨款与县统计局在原城建局上首合建 4 个小套队员住房，因有 6 人，有 2 套 2 人合住。房改政策出台后，有两套作为房改房，两套出售。1992 年，调查队有 4 人参加了在塔山下与县统计局合建的集资房建设。

六、调查任务不断调整和增加

新设立时，调查队的主要任务是：农村住户调查、农产量调查、农村专项调查三个专业。同时承担国家统计局、浙江省农调队、地方人民政府各种一次性的调查任务。随着市场经济的逐步形成，国家对各种数据的需求越来越多，调查队所承担的调查任务也不断增加。从 1998 年开始，农经专业在调查农村固定资产投资的基础上增加对部分农产品价格进行调查。农产量专业在从 2000 年开始增加畜牧业抽样调查（2017 年改名为主要畜禽监测调查）、播种面积调查。

2012 年，国家统计局进行城乡住户调查一体化改革，我县从 2013 年开始实施城乡住户调查一体化改革方案，原县统计局于 2004 年开展的城镇住户调查统一划归国家统计局青田调查队进行。

2013 年开始服务业和制造业的小微企业跟踪监测调查、工业生产者价格调查。

2014 年开始农产品和中间消耗调查。

2014 年 10 月 23 日青田县统计局与国家统计局青田调查队局队召开业务调整协调会：分乡镇农民收入划归统计局，规下工业、限下服务业、规模户畜禽调查划归调查队。2015 年开始执行。其中限额以下批零贸易调查至 2018 年 3 月结束。

2015 年开始采购经理指数调查。

2017 年开始劳动力调查，为月报（全国快报）。

2019 年开始把农产品价格调查作为一个专业进行调查，青田被划定对生猪和杨梅的价格进行调查。

七、出色完成国家的调查任务

青田调查队人员政治素质好，敬业又爱岗，业务水平高，严把质量关，做到上报及时，数据准确，自觉履行《统计法》，出色完成了国家的调查任务，成绩显著，屡屡获奖。

省队从1990年开始实行目标管理年度考核制度，对每个调查队三个专业的调查工作和综合调查工作进行年度考核。随后增加对农村重大信息、财务报表、《调研世界》的征订发行、统计调查分析研究工作的考核。国家统计局浙江调查总队成立后，对各县市队的考核进一步细化和完善。具体分为：办公室政务管理工作、统计调查法治工作、制度方法工作、综合统计调查工作、农业统计调查工作、农村调查工作、居民收支调查工作、住户监测类调查工作、劳动力调查工作、生产价格调查工作、专项督查工作、企业调查工作、网络安全和信息化工作、人事管理工作、财务管理工作、纪检监察工作、党建工作。

在省队从1990年开始实行目标管理年度考核的32年中，青田调查队荣获优胜单位5次、表扬单位2次、合格单位2次、先进集体（单位）4次、一等奖5次、二等奖2次、三等奖1次。各专业年年达标，连连获奖，属于全省国家调查队的佼佼者。

调研报告和分析文章等多次在省、市两级统计系统和调查队系统的评选中获奖。其中被评为全省统计系统二等奖1篇、全省调查队系统二等奖6篇、三等奖4篇；全市统计系统一等奖2篇、二等奖3篇、三等奖5篇。

八、为当地社会经济发展作出突出贡献

1. 增加住户调查网点。

随着改革开放的不断深入，农民人均纯收入这个指标成为体现各级社会经济发展的重要指标，越来越引起各级领导的重视。当时我县农民人均纯收入数据有两个来源：一是来自县农业局的农经年报，二是来自县农村抽样调查队的农村住户调查。两个数据对比，农村住户调查的数据比农经年报的数据要高一些，数据出来的时间要早好几个月，是住户逐日记账计算出来的，更具有可靠性。所以，县委、县政府一般都采用农村住户调查的数据。而我县抽中的 100户调查数据只能满足国家的需要，以此数据代表我县农村居民的平均收入水平，存在样本量不足、代表性不强的问题。为此，县农调队于 1998 年 10 月 23 日向县政府提出青农调字〔1998〕6 号文件《关于要求扩大农村住户调查网点的报告》，建议在原有国家调查 100户住户基础上，再增加 10 个调查点、100 户记账户。县人民政府同意扩大农村住户调查网点的方案，于 1998 年 12 月 21 日发出青政办〔1998〕276 号文件《关于增加农村住户调查网点的通知》，新增抽样调查工作由县农调队组织实施，经费列入政府预算。

1999 年 12 月，根据县政府关于扩大农村住户抽样调查的指示，青田县农调队又承担了增加 750 户住户调查的任务，这样，全县共有 850 户记账户。

2000 年 12 月，根据 2000 年 11 月 29 日青田县人民政府办公室发出青政办字〔2000〕170 号文件《关于调整农村住户调查网点和记账方法的通知》精神，决定取消 1999 年 12 月增加的 750 户调查网点及记账方法，从 2000 年 12 月开始，实行每个乡镇抽 1 个村、

10 户记账户，按照国家统一的农村住户调查的方法，进行全面记账，调查经费统一由县财政支出。原来 200 户已经抽到的 16 个乡镇不再抽取，在原来没有抽取的 17 个乡镇各抽取 1 个村、10 户记账户。

2. 在重大普查和农村奔小康工程中担任重要角色。

1992 年 5 月 29 日，青田县人民政府办公室发出青政办字〔1992〕47 号文件《转发县统计局〈关于组织我县儿童情况抽样调查工作意见〉的通知》，整个抽样调查的具体工作都由县农调队承担。县农调队全体干部全力以赴，圆满完成了抽样调查工作，并被省农调队评为鼓励奖。

1993 年 8 月 22 日，青田县人民政府办公室发出青政办字〔1993〕114 号文件《关于成立青田县第三产业普查协调小组的通知》，刘正火同志为协调小组成员之一，并兼任普查办公室主任。而后，高金华同志经青田县第三产业普查协调小组批准任普查办公室副主任，负责整个普查的业务工作，郑勇同志参加了普查资料的计算机录入和数据处理工作。县农调队人员在整个普查工作中发挥了关键性作用。1994 年 12 月，刘正火、高金华同志被评为第一次全国第三产业普查国家级先进个人。整个工作至 1995 年 9 月底结束。

1996 年 3 月 8 日，青田县人民政府办公室发出青政办字〔1996〕19 号文件《关于成立青田县农业普查领导小组的通知》，刘正火同志为领导小组成员之一。8 月 20 日，洪祖荣、倪福彬两同志被抽调到县农普办工作，洪祖荣担任农普办副主任，倪福彬担任数据处理组副组长，被借用到县统计局的陈章平担任农普办副主任，周忠伟担任宣传组副组长。1999 年 12 月，洪祖荣、陈章平同志被评为第一次全国农业普查国家级先进个人，倪福彬同志被评为省级先进个人，齐旭君、周忠伟同志被评为地区级先进个人。

1996 年 10 月，青田调查队的刘正火同志被抽调到青田县全国基本单位普查办公室工作，负责文秘工作。尔后，郑勇同志又被抽调到普查办负责数据处理工作。1997 年 10 月，刘正火同志被评为第一次全国基本单位普查省级先进个人。借用到县统计局的齐旭君同志被评为第一次全国基本单位普查国家级先进个人。

1999 年 9 月 22 日，中共青田县委办公室发出县委办〔1999〕120 号文件《关于成立青田县小康、农业和农村现代化工作领导小组的通知》，青田调查队的刘正火同志被任为领导小组成员。领导小组下设县小康办，办公室设在县人武部内。而后，刘正火、洪祖荣两同志被抽调到县小康办工作，刘正火同志被任命为县小康办副主任，负责日常业务工作，整整工作了 2 年。因调查队工作需要，洪祖荣同志先回调查队工作。

2005 年 12 月 25 日，青田县人民政府发出青政发〔2005〕102 号《关于开展第二次全县农业普查的通知》，洪祖荣同志担任青田县第二次农业普查领导小组成员，并兼任办公室主任。2006 年 8 月 1 日，青田县第二次农业普查领导小组办公室成立，倪福彬同志担任农普办调查组组长，周忠伟同志担任农普办后勤组组长。青田县农调队的主要骨干已经全部被抽调到农普办工作。整个普查工作至 2008 年 6 月底结束。徐向艳被评为国家级先进个人、倪福彬被评为省级先进个人、周忠伟被评为县级先进个人。

2013 年 7 月至 2014 年 12 月，青田调查队的洪祖荣同志被抽调到县侨情调查办公室负责调查业务工作，2014 年 11 月被评为侨情调查省级先进个人。

3. 开展青田县社会经济热点问题的专项调查，为领导决策提供依据。

30多年来，青田调查队除了完成省队布置的各种专项调查任务，又根据青田实际，发挥抽样调查快、精、准的优势，对社会经济热点问题开展专项调查，撰写调研报告，提出对策建议，为领导的科学决策起到了重要作用。如对刹"三风"、土地"消瘦"、发展旅游业、农村奔小康、社区建设、工业园区建设、矿业企业职工危害现状、农村居民收入差距拉大、农民专业合作社组织的发展情况、欠发达地区教师收入、农村土地使用权流转情况、青田杨梅产业可持续发展、民宿旅游发展、职业女性二孩生育意愿、特色农业发展、养老服务业发展、咖啡产业发展等重大问题的专项调查，每项调查都做到精心组织，科学安排，仔细分析，写出调研报告，引起了县委县政府领导的高度重视，多次获得批示，对策和建议被采纳。2009年，青田调查队针对经济总体评价、就业问题、社会保障、教育制度改革、医疗制度改革、住房问题、食品药品安全、收入分配、社会治安、社会风气、三农问题、反腐倡廉、股市问题、环境保护、社会公平问题等当前农村关注的、涉及百姓生活的各个方面的社会问题，开展了一次问卷调查，把老百姓的心声及时地反映给领导，得到领导的夸奖。

为了解青田的社情民意，县委县政府领导多次到调查队听取工作汇报，对调查队取得的成绩作了充分肯定，鼓励调查队继续努力，奋发进取，为青田的社会经济发展作出新的贡献。

青田调查队是统计战线上的一支轻骑兵，是一支特别能战斗的队伍。

第二节　大 事 记

1984 年

1.6 月 14 日，浙江省计划经济委员会、浙江省编制委员会、浙江省劳动人事厅、浙江省财政厅、浙江省统计局联合发出浙经文〔1984〕486 号、浙编〔1984〕66 号、浙劳人干〔1984〕146 号、浙财预字〔1984〕324 号、浙统办〔1984〕92 号文件《转发国家计委等四部门〈关于农村和城市两支抽样调查队组建工作的通知〉的通知》，确定青田县为国家农村抽样调查县，批准青田县农村抽样调查队编制 6 人。

2.8 月，郭海光同志从金华供销学校财务会计专业毕业，分配到青田县农村抽样调查队工作。阮旭平、蓝一同志被青田县人事局招聘为青田县农村抽样调查队干部。

3.9 月 4 日，青田县人民政府根据浙江省计委〔1984〕486 号文件精神，发出青政字〔1984〕143 号文件《关于建立青田县农村抽样调查队的通知》，批准建立青田县农村抽样调查队。青田县农村抽样调查队受上级调查队和县统计局双重领导，人员属事业编制。办公地点暂设县统计局。

4.9 月 5 日，中共青田县委发出县委干字〔1984〕149 号文件《关于冯志国等同志任免职务的通知》，冯志国同志兼任青田县农村抽样调查队队长；包霞村同志任青田县农村抽样调查队副队长，免去船寮乡乡长职务。

5.9月8日，浙江省农村抽样调查队发出浙农调〔1984〕22号文件，批准我县的浮弋、油竹、仁庄、季宅、东岸、东源、芝溪、东江等八个乡为农产量抽样调查乡，方山、张口、仁宫、高湖、前仓、海口、北山、东源、海溪、东岸等十个乡为农村住户抽样调查乡。

6.9月12日，青田县人民政府办公室发出青政办字〔1984〕38号文件《关于启用"青田县农村抽样调查队"印章的通知》。

7.9月21日，青田县农村抽样调查队正式开始办公。

8.12月，洪祖荣、陈海民两同志从青田县城建局调到青田县农村抽样调查队工作，为招聘干部。

1985 年

1.4月29日，青田县人民政府办公室发出青政办字〔1985〕31号文件《批转县农村抽样调查队"关于要求各农产量抽样调查乡建立农产量调查领导小组的报告"的通知》。

2.11月12日，浙江省农村抽样调查队发出浙农调〔1985〕26号文件《关于1985年农经年报几个问题的通知》。

1986 年

1.青田县人事局发出青人字〔1986〕40号文件《关于蓝一等二位同志转正定级的通知》，同意蓝一、阮旭平二位同志转为国家正式干部。

2.3月28日，浙江省统计局发出浙统人〔1986〕35号文件《关于批准省城乡两支抽样调查队工作人员工资改革增资方案的通知》，核定青田县农村抽样调查队工作人员工资制度改革范围职工人数4人。

3.6月5日，浙江省统计局发出浙统办〔1986〕79号文件《关于下达一九八六年中央级统计事业费预算指标的通知》。

4.6月5日，浙江省统计局发出浙统办〔1986〕80号文件《关于批复一九八五年统计事业费决算的通知》，经审核，同意核销青田县农村抽样调查队实际支出数为29103.93元。

5.8月，张晓勇同志从云和县邮电局调到青田县农村抽样调查队，借用到青田县统计局工作。1989年3月，张晓勇同志正式调到青田县统计局工作。

1987 年

1.6月28日，浙江省农村抽样调查队发出浙农调〔1987〕24号文件《关于增加农产量调查乡的批复》，同意我县增设阜山乡为农产量调查乡。

2.6月29日，青田县农调队获得青田县统计局和青田县档案局联合颁发的清理统计档案合格证书。

3.9月23日，浙江省农村抽样调查队发出浙农调〔1987〕52号文件，批准我县在原10个农村住户调查乡中，按对称原则确定张口、高湖、海口、北山、海溪5个乡作为扩户乡。

1988 年

1.7月28日，青田县人民政府发出青政办字〔1988〕10号文件《关于包霞村同志任职的通知》，包霞村同志任青田县统计局副局长。

2.8月31日，刘正火同志从北山区校调到青田县农村抽样调查队，借用到青田县统计局工作。

3.10 月，高金华同志从浙江林业学校调到青田县农村抽样调查队工作。

1989 年

1.4 月 7 日，青田县人民政府发出青政字〔1989〕41 号文件，根据国家统计局统人字〔1989〕7 号文件和省农村社会经济调查队浙农调〔1989〕14 号文件精神，"青田县农村抽样调查队"更名为"青田县农村社会经济调查队"（简称青田县农调队）。核准人员编制 8 人。队长、副队长的任命，由县统计局提名，并由县委组织部上报，由省统计局批准任命。

2.6 月，聘用包小燕到青田县农调队，从事住户调查工作。1991 年 6 月离开农调队，招工到青田县邮电局工作。

3.8 月，金沛森从厦门华侨大学毕业，分配到县农调队，借用到县统计局工作。

4.9 月 27 日，县农调队向省农调队发出青农调字〔1989〕2 号文件《关于要求批准我县样本轮换大样本乡 20 个、小样本乡 10 个的报告》。大样本乡：贵岙、巨浦、良川、王岙、季宅、章村、阜山、章旦、芝溪、仁宫、东源、油竹、张口、高湖、北山、金田、东岸、湖边、方山、石溪。小样本乡：贵岙、张口、王岙、阜山、芝溪、东源、高湖、北山、湖边、方山。

5.10 月 12 日，青田县人民政府办公室发出青政办字〔1989〕63 号文件《转发县农村抽样调查队〈关于加强农村抽样调查样本轮换工作领导的报告〉的通知》，要求各区公所、各乡（镇）人民政府加强对农村抽样调查样本轮换工作的领导。

1990 年

1.2 月 4 日，县农调队向省农调队发出青农调〔1990〕1 号文件《要求批准我县下坑等二十个农产量调查村的报告》。20 个调查村为贵岙乡：下坑村、占岙村；芝溪乡：垟肚村、上本村；湖边乡：湖边村、南岸村；阜山乡：红富垟村、陈宅村；王岙乡：大弄底村、叶店村；高湖乡：高湖村、西圩村；东源乡：东源村、红光村；北山乡：北山村、黄库村；张口乡：张口村、阜口村；方山乡：根头村、下碓村。

2.4 月，郭海光调县统计局任会计，县农调队的会计业务移交给蓝一。

3.8 月 3 日，蓝一出国，两年后退职。

4.8 月，金建军从丽水工业学校毕业分配到县农调队。

5.10 月 29 日，浙江省农调队发出浙农调〔1990〕45 号文件《关于实施农经抽样调查轮换、扩点方案的通知》，我县被抽中的乡镇是高湖、张口、北山。

6.12 月 2 日，县农调队向省农调队发出青农字〔1990〕5 号文件《关于要求调换阜山乡住户调查点及方山乡农产量调查点的报告》，经省农调队批准，抽选高市乡外村为住户调查点，高市乡外村和底村为农产量调查点。

1991 年

1.5 月 22 日，中共青田县委发出县委干字〔1991〕12 号文件《关于建立中共青田县统计局党组及郑薛照同志任职的通知》，郑薛照同志任中共青田县统计局党组书记，包霞村、刘正火同志任党组成员。

2.6 月 24 日，刘正火同志从县农调队调至县统计局工作。

3.6 月，陈章平同志从船寮镇正式调到县农调队，借用到县统计局工作。

4.7 月 30 日，聘任高金华、洪祖荣同志为助理统计师。

5.9 月 29 日，中共青田县统计局党组发文决定洪祖荣同志任县统计局纪检员。

1992 年

1.3 月，阮旭平同志因私出国到比利时。

2.5 月 29 日，青田县人民政府办公室发出青政办字〔1992〕47号文件《转发县统计局〈关于组织我县儿童情况抽样调查工作意见〉的通知》，整个抽样调查的具体工作全由县农调队承担。县农调队全体干部全力以赴，圆满完成了抽样调查工作，并被省农调队评为鼓励奖。

3.6 月 7 日，县财政局批准陈海民同志任会计主管。

4.6 月 26 日，向省农调队报告调查点在"撤区扩镇并乡"后的变化情况。

5.8 月 31 日，青田遭遇 40 年一遇特大洪灾，为抢救办公室里的调查资料，青田县农调队的高金华、张晓勇、陈海民、洪祖荣等同志在县统计局老局长冯志国同志的带领下，与洪水搏斗了 10 多个小时，把资料、档案抢救到安全的地方，忍饥挨饿熬夜坚守到 9 月 1 日上午。

6.9 月，聘用郑勇同志到县农调队工作。

7.11 月 9 日，浙江省统计局任命刘正火同志为青田县农村社会经济调查队副队长（副局级），主持工作。

8.11 月，浙江省统计局免去包霞村同志青田县农村社会经济调查队副队长职务。

1993 年

1.4 月 1 日，县农调队决定在我县 10 个镇、乡建立农村市场信息网络，聘请孙祖坚、单小莲、刘定华、叶素青、洪炜津、蒋成森、徐相巧、陈宝友、叶晓勇、王永军为镇乡调查信息员，及时做好农村市场信息的搜集、提供和《浙江农村市场信息》的发行工作。

2.5 月 28 日，聘任陈海民同志担任助理统计师职务。

3.8 月 22 日，青田县人民政府办公室发出青政办〔1993〕114 号文件《关于建立青田县第三产业普查协调小组的通知》，刘正火同志为协调小组成员，兼任普查办公室主任。高金华同志任普查办公室副主任，郑勇同志负责普查资料的计算机录入工作。

4.9 月，金建军同志正式调到县统计局工作。

1994 年

1.4 月 13 日至 16 日，刘正火同志列席县第十一届人大第二次会议。

2.5 月 23 日，省队配置计算机 1 台。

3.8 月，齐旭君同志从四川统计学校毕业，分配到青田县农调队，借用到青田县统计局工作。

4.8 月 23 日至 9 月 3 日，青田调查队的刘正火同志到河北省北戴河参加全国三产普查资料分析研讨会。

5.9 月 7 日，聘任高金华、洪祖荣两位同志担任县农调队统计师职务。

6.10 月 15 日，青田农调队的陈海民、高金华、陈章平同志参加青田县副局级领导干部"双推双考"的文化考试，三位同志全部入围。

7.11 月 15 日，刘正火同志按照县委组织部通知，到县委组织的党的基本路线教育工作队工作，任海口镇路教工作队队长。

8.12 月，刘正火、高金华同志被评为第一次全国第三产业普查国家级先进个人。

9.12 月 29 日，县委任命高金华同志为统计局副局长。

1995 年

1.3 月 28 日，青田县农村社会经济调查队制订了《干部岗位目标管理责任制实施细则》，对本队干部的德、勤、能、绩实行量化管理。

2.3 月 31 日至 4 月 3 日，刘正火同志列席县十一届三次人代会。

3.4 月，陈海民同志调任中共青田县委驻东源镇副局级组织员、中共东源镇组织委员。

4.6 月 12 日至 15 日，刘正火同志到杭州参加全省第三产业普查资料分析研讨会。

5.6 月 29 日，中共青田县统计局党支部举行换届选举会议，高金华同志（县统计局副局长）当选为党支部书记，刘正火同志当选为党支部副书记。

6.8 月，倪福彬同志从浙江省物资学校毕业，分配到青田县农调队工作。

7.12 月 14 日，浙江省农调队队长毛汝熠一行 4 人到青田农调队开展调研。

1996 年

1.3 月 8 日，青田县人民政府办公室发出青政办字〔1996〕19 号文件《关于建立青田县农业普查领导小组的通知》，刘正火同志为领导小组成员。洪祖荣同志任普查办公室副主任，陈章平同志任普查办公室副主任，倪福彬同志任数据处理组副组长。

2.4 月 9 日至 12 日，刘正火同志列席县十一届人大四次会议。

3.5 月，浙江省农普办副主任沈国良带队到季宅乡进行第一次全国农业普查数据质量检查。

4.5 月 8 日至 24 日，青田县农调队的刘正火同志与县统计局的叶丽娟、徐爱萍到海口镇搞计划生育工作。

5.5 月 30 日至 6 月 3 日，青田县农调队的刘正火、倪福彬两同志被抽调到县专项治理工作组，与县统计局、县计生委的派出人员一起到海口镇参加青山白化治理工作。

6.8 月 1 日，第 8 号台风从温州登陆，影响我县，晚 10 时，洪水侵袭县城，刘正火带领统计局、农调队的 12 人防台值班到天亮，洪水已经进到县府大院。

7.8 月 3 日至 14 日，刘正火同志到北戴河河北省统计培训中心参加全国农调队长培训会议，并于 8 月 12 日代表浙江省与会队长在会上作典型发言，得到副总队长成克礼的表扬。

8.8 月，周忠伟同志从四川统计学校毕业，分配到青田县农调队工作。

9.9 月 18 日，青田调查队的刘正火同志被抽调到青田县全国基本单位普查办公室工作。郑勇同志被抽调到普查办负责数据处理工作。

1997 年

1.3 月 31 日至 4 月 3 日，刘正火同志列席县第十一届人大第五次会议。

2.4 月至 8 月，刘正火同志到海口镇横丰村做扶贫工作。

3.5 月 8 日，龙泉市农调队和城调队一行 9 人到青田农调队考察交流。

4.9 月 18 日至 20 日，省农调队产量处处长纪希平一行到青田农调队检查农产量的实割实测。

5.9 月 26 日，郑勇同志到海口镇帮助搞计划生育工作。

6.12 月，郑勇因私出国离职。

1998 年

1.1 月 3 日，省队送计算机 1 台。

2.3 月 27 日至 4 月 2 日，刘正火同志列席县第十二届人大第一次会议。

3.5 月 18 日，把建队以来重大事情的资料向省农调队提供。

4.5 月，陈章平同志调县社保局工作。

5.7 月 30 日，刘志伟副县长来农调队调研。

6.8 月 20 日，中共青田县统计局支部举行换届选举，刘正火同志当选为党支部书记。

7.9 月 23 日，刘正火同志与高市乡练吞村的范汉庭结对扶贫。

8.10 月 8 日，青田县政府《政务信息》第九期（增刊）全文刊登了刘正火同志撰写的《农村奔小康，路程已过半——青田农村小康问题探索》，并加了【编者按】：到本世纪末实现小康，是我国"三步走"发展战略的第二步。如何走好这第二步，对我国步入富裕之国至关重要。刘正火同志的《农村奔小康 路程已过半》的统计分析文章，从我县农村的物质生活、精神生活、人口素质、公益事业、社会治安等综合方面进行量化分析，我县农村居民整体小康实现程度为 50.46%，可见到本世纪末农村全面实现小康水平，任重而道远。该文的刊出，旨在加深全县广大干部群众对我县奔小康艰巨性的认识，树立责任感、紧迫感和危机感，齐心协力，团结一致，发扬抗洪精神，探索加快奔小康步伐新途径，努力实现县委、县府的"东进外拓，兴五业强十镇，富民建市奔小康"发展战略。1998年11月2日，青田县委书记林瑞日在该文上批示："刘志伟（副县长）、王建伟（省农业厅下派青田挂职副县长）二同志：刘正火同志的分析与建议，很有参考价值，请你们布置尽快拟订一个奔小康的规划与措施，同时也可供县委全委会报告所用。"

9.10 月 16 日，青田县财政局批准拨款 5000 元给青田县农调队购买计算机等设备。

10.10 月 18 日，省队送计算机 1 台。

11.10 月 23 日，青田县农调队向县政府发出青农调字〔1989〕6号文件《关于要求扩大农村住户调查网点的报告》，建议在原有国家调查的 100 户住户基础上，再增加 10 个调查点，100 户记账户。根据分层抽样的原则，抽中山口镇的油竹下村、东源镇的红光村、腊口镇的浮弋村、高市乡的练岙村、海溪乡的西园村、巨浦乡的范村、黄垟乡的石平川村、岭根乡的铁沙济村、双垟乡的岭康村、阜山乡的周宅村。

12.10 月 25 日，瑞安市农调队队长胡潘林、龙泉市农调队队长林学根来青学习交流。

13.12 月 21 日，青田县人民政府办公室发出青政办〔1998〕276 号文件《关于增加农村住户调查网点的通知》，同意扩大农村住户调查网点的方案，增加 100 户住户调查。新增抽样调查工作由县农调队组织实施，经费列入政府预算。

1999 年

1.1 月，曹旭娥同志调到青田县农调队工作。

2.3 月 16 日，县农调队发出青农调字〔1999〕1 号文件，聘任倪福彬、周忠伟同志为统计员职务。

3.3 月 20 日，浙江省农调队发出浙农调〔1999〕8 号文件《关于开展农产量抽样调查样本轮换的通知》。我县被抽中为单季晚稻调查县。

4.4 月 29 日，中共青田县委办公室发出县委办〔1999〕52 号文件《关于成立青田县扶贫、小康双工程领导小组的通知》，青田调查队的刘正火同志被任为领导小组成员。

5.5 月 6 日，浙江省农调队发出浙农调〔1999〕25 号文件《关于青田县农产量抽样调查样本轮换的批复》，同意我县的舒桥乡、万山乡、鹤城镇、海口镇、仁宫乡、章旦乡、仁庄镇、贵岙乡、季宅乡、方山乡等 10 个乡（镇）为单季晚稻抽样调查乡（镇）。

6.7 月，刘正火、倪福彬两位同志到遂昌进行农村住户调查业务指导。

7.9 月 22 日，中共青田县委办公室发出县委办〔1999〕120 号文件《关于成立青田县小康、农业和农村现代化工作领导小组的通知》，刘正火同志任领导小组成员。刘正火、洪祖荣两同志被抽调到县小康办工作，刘正火同志被任命为县小康办副主任。

8.9 月 22 日，倪福彬同志担任科员职务。

9.9 月 28 日，浙江省农调队发出浙农调〔1999〕75 号文件《关于青田县农村住户抽样调查样本轮换方案的批复》，同意我县的双垟乡岭康村、章旦乡兰头村、阜山乡周宅村、巨浦乡范村、高湖镇高湖村、船寮镇垟肚村、温溪镇大洋下村、腊口镇浮弋村、海溪乡西园村、山口镇下村为农村住户抽样调查村级新网点，新网点从 2000 年调查年度开始启用。

10.11 月 22 日，确定畜牧业调查点：温溪镇的寺下村、龙叶村，船寮镇的上合村、白岸村、洪岙村，腊口镇的坑口村，北山镇的叶段村、祯埠乡的锦水村，石帆乡的瑶均村。

11.12 月 23 至 24 日，刘正火、洪祖荣、倪福彬三人到龙泉市农调队考察交流。

12.12 月，县政府同意农村住户调查从 200 户增加到 950 户。各乡镇至少 10 户，大的乡镇 20 户、30 户。

13.12 月 6 日，召开全县农村住户调查扩点工作会议，副县长刘志伟出席会议。

2000 年

1.1 月 3 日，刘正火同志参加县综合考核组工作。

2.2 月 26 日至 27 日，省队后勤处处长殷柏尧一行来青调研。

3.4 月 17 日至 21 日，刘正火同志列席县十二届人大第三次会议。

4.11 月 14 日，龙泉市农调队队长刘建龙一行 4 人来青考察交流。

5.11 月 22 日，青田县人民政府办公室发出青政办字〔2000〕170 号文件《关于调整农村住户调查样本和记账方法的通知》，决定取消 1999 年 12 月增加的 750 户调查网点及记账方法，从 2000 年

12月开始，实行每个乡镇抽 1 个村 10 户记账户，按照国家统一的农村住户调查的方法，进行全面记账，调查经费统一由县财政支出。这样，全县 32 个乡镇共有 320 户记账户（包括国家点 100 户）。

6.12 月 12 日，刘正火同志到高湖镇西圩村结对扶贫。

2001 年

1.2 月 5 日，刘正火被县委聘为"三个代表"重要思想学习教育活动指导组成员。

2.2 月 5 日，青田县统计局党组研究决定，县农调队的日常工作由洪祖荣同志主持。

3.2 月，对 2000 年种植面积最大的 5 个乡镇共 10 户种粮大户开展调查。

4.2 月 25 日，县农调队发出《关于进行农户畜牧业调查的通知》，增加畜牧业调查，取消春粮估产调查。

5.3 月 1 日，在青田召开全市农调数据工作会议。

6.3 月 21 日，确定孙阔、阮垟、济头、兰头、朱垟、引坑、孙坑、叶店、周岙、湖边 10 个村为猪的调查点；孙坑、阮垟、济头、兰头、朱垟、引坑、叶店、周岙、仁宫 10 个村为禽的调查点；姜处、引坑、三房、兰头、下碓、朱垟、叶店、金垟、钓滩、仁宫 10 个村为牛的调查点。

7.3 月 23 日，赠送给岭根乡校乒乓球桌一张（价值 1400 元）。

8.3 月 28 日至 31 日，刘正火同志列席县第十二届人大第五次会议。

9.4 月，根据浙统明电〔2001〕5 号《关于开展农村住户存粮情况抽样调查的通知》精神，进行了农村住户存粮情况抽样调查。

10.4 月 19 日，刘正火同志代表青田县农调队在全市统计工作会议上作典型发言。

11.6 月 5 日开始，开展"三个代表"重要思想学习教育活动。

12.6 月 29 日，刘正火同志被评为 2000 年度县级优秀共产党员。

13.7 月下旬，根据浙农调〔2001〕31 号文件《关于开展农作物总播种面积抽样调查工作的通知》精神，对原面积调查网点的 10 个村 100 户农户进行了调查。

14.8 月 1 日，省农调队住户处来青调研农民收入情况。

15.8 月上旬，根据浙农调〔2001〕33 号文件《关于开展农村私营企业情况调查的通知》精神，对我县抽样调查 1 家私营企业。

16.8 月 24 日，刘正火同志主持我县首次烟草行业劳动工资统计违法问题的听证会。

17.12 月，刘正火同志为县扶贫办设计《青田县扶贫小区开发情况调查表》《青田县扶贫开发规划表》《青田县扶贫开发实施方案》和《指标解释》。

18.12 月中旬，根据浙农调产函〔2001〕05 号《关于开展 2002 年农户全年农作物种植面积安排调查的函》精神，对原 10 个调查村 100 户农户进行调查。

2002 年

1.1 月 16 日，刘正火同志为县扶贫办设计《青田县 330 国道沿线行政村路面房屋改造调查表》。

2.3 月 5 日至 6 日，浙江省统计局人事处明升利处长一行 3 人来青考察副队长人选。

3.4 月 4 日，刘正火同志被抽调到北山参加滩坑水电站水库淹没损失调查。

4.4 月 30 日，浙江省统计局决定洪祖荣同志任青田县农村社会经济调查队副队长（副局长级，试用期一年）。免去刘正火同志青田县农村社会经济调查队副队长职务。

5.9 月 3 日，浙江省统计局发出浙统干〔2002〕24 号文件《关于周群昌任职的通知》，决定周群昌同志兼任青田县农村社会经济调查队队长。

2003 年

1.5 月 7 日至 8 日，浙江省统计局人事处一行 3 人来青考察洪祖荣副队长试用期满事宜。

2.7 月 7 日，经县统计局局党组研究决定，县农调队内设综合科和专业科。

3.8 月 10 日，浙江省农调队队长洪玉一行 3 人来青调研。

4.11 月 21 日，副县长钟秋毫同志在青田县农调队撰写的调研文章《青田县农村居民收入差距扩大的原因与对策》一文上批示："依据较丰富，有说服力，可送县委办《决策参考》刊登。"

5.12 月 2 日，青政干〔2003〕17 号文件批准刘正火同志任主任科员。

6.12 月 29 日，县统计局党组决定倪福彬同志任农调队综合科副科长，周忠伟同志任农调队专业科副科长。

7.12 月至 2004 年 3 月，洪祖荣同志参加滩坑水电站坝址影响区建房责任单位工作组，任副组长。

2004 年

4月至2005年3月，由县统计局、农调队、建设银行3个单位组成的滩坑水电站责任单位第一水平年移民工作组，洪祖荣同志为组长，到北山镇坑口村，联系79户移民到腊口镇石帆建房和搬迁工作。

2005 年

1.4月，洪祖荣同志参加滩坑水电站责任单位第二水平年张口村移民工作组，任组长。

2.5月7日，省农调队农业处处长吴红卫一行3人来青调研粮食生产情况调查工作。

3.12月25日，青田县人民政府发出青政发〔2005〕102号《关于开展第二次全县农业普查的通知》，洪祖荣同志担任青田县第二次农业普查领导小组成员，并兼任办公室主任。

2006 年

1.1月4日，浙江调查总队信息技术应用处处长张芙桦、副处长黄重君一行5人来青调研欠发达地区抽样调查事项。

2.6月6日，浙江调查总队处长沈国良、吴红卫一行3人，在丽水调查队副队长曾小珏的陪同下，来青进行专业数据质量检查。

3.8月1日，倪福彬同志担任农普办调查组组长，周忠伟同志担任农普办后勤组组长。

2007 年

1.2月27日，洪祖荣同志具备高级统计师职业技术职务任职资格。

2.5 月 8 日，根据（浙政办发〔2007〕21 号）精神，决定撤销青田县农村社会经济调查队，设立国家统计局青田调查队，为正科级机构。

3.5 月 30 日，浙江调查总队考察组来青考察青田调查队队长人选。

4.7 月 12 日，国家统计局浙江调查总队任命洪祖荣为国家统计局青田调查队队长（乡科级正职），试用期一年。

5.8 月 28 日，中共青田县委发出青干任〔2007〕32 号文件《关于洪祖荣同志任职的通知》，决定洪祖荣同志任中共青田县统计局党组副书记。

6.9 月 12 日，国家统计局浙江调查总队副队长洪玉一行来青调研，丽水调查队副队长曾小珏陪同。

7.10 月 10 日，浙江调查总队机关党委副书记娄跃来青调研党建工作。青田调查队确定为浙江调查总队党组班子联系队。

8.10 月 11 日，根据（浙政办发〔2007〕21 号）精神，青田调查队是国家统计局的派出机构，为同级统计局正局级单位（正科级），参照《中华人民共和国公务员法》管理。

9.12 月，徐向艳由青田县东源镇调入青田调查队工作。

2008 年

1.1 月，为全县基层调查员投保人身意外险。

2.2 月 14 日，县委办公室、县政府办公室在县财政大楼 14 楼会议室举行"国家统计局青田调查队成立暨授牌仪式"，会议由县政府常务副县长季力华主持。浙江调查总队党组书记、总队长梁普明，县委副书记、县长邝平正，丽水市统计局局长、调查队队长董淑萍出席并致辞，梁普明总队长和邝平正县长为青田调查队授牌，县四套班子有关领导、县直各部门主要负责人、各乡（镇）长及分管领导参加会议，缙云、龙泉调查队的领导应邀出席。

3.2 月 15 日，浙江调查总队梁普明总队长等人在丽水市统计局局长、调查队队长董淑萍的陪同下到青田调查队调研、指导统计调查工作。

4.3 月 17 日至 21 日，队长洪祖荣列席青田县第十四届人民代表大会第二次会议。

5.4 月 7 日，购置公务用车一辆。

6.3 月，按照县委书记王通林的指示精神，我队开展全县农村教师年收入状况抽样调查工作。5 月 28 日，调研报告《欠发达地区教师收入问题不容忽视》得到县委、县政府高度重视，使全县教师福利待遇显著提高。

7.5 月 20 日至 6 月 5 日，青田调查队根据县委县政府的指示要求，落实全县分乡镇农民人均纯收入数据监测工作。

8.6 月 26 至 27 日，浙江调查总队吴红卫处长在市统计局副局长练永嘉等人的陪同下，对青田县农村耕地面积和粮食播种面积等情况进行调研。

9.7 月 1 日，队党员干部参加机关党员服务日活动，上街宣传统计普法，发放统计普法宣传资料 1100 份，悬挂横幅 10 条。

10.7 月 10 日至 7 月 31 日，青田调查队和县统计局围绕省调查总队、市统计局 2008 年统计法制工作的重点，联合对电力、服务业、制造业等 56 家企事业单位开展统计稽查工作。

11.7 月 14 日至 15 日，浙江调查总队人教处处长徐学金一行 3 人来青考察队长洪祖荣试用期满情况。

12.8 月 13 日至 14 日，国家统计局龙泉调查队队长王慧光一行 7 人来青工作交流。

13.8 月 18 日，队长洪祖荣在全县乡镇长工作例会上就如何做好农民人均纯收入数据进行专题培训。

14.9 月 4 日至 5 日，瑞安调查队队长陈顺胜一行 5 人来青工作交流。

15.10 月 23 日，通报表彰 2008 年度在农村基层统计调查工作中涌现出的 14 名优秀调查员。

16.11 月 6 日至 18 日，开展全省邮政服务满意度调查。

17.11 月 13 日，青田县政府专题召开全县低收入农户抽样调查工作会议，对进一步做好低收入农户监测工作进行了专题部署，副县长钟秋毫出席会议并讲话。

18.11 月 17 日，浙江调查总队副总队长严勤芳及处长王继章，在丽水市统计局局长、调查队队长董淑萍的陪同下，来青调研。

19.11 月 18 日，浙江调查总队法规处副处长孟松林和丽水调查队的杜春明来青开展组织工作满意度调查。

2009 年

1.1 月 4 日至 5 日，浙江调查总队人教处处长徐学金一行 3 人到青田调查队作关于科学发展观测评工作。

2.1 月 20 日至 21 日，福建蒲城调查队一行 5 人到青田调查队考察交流。

3.2009 年 3 月 16 日，浙江调查总队总队长梁普明在全省统计调查工作会议上的讲话三次提到青田调查队：①"政务信息成绩显著的调查队有：……青田等"；②"全省调查队系统统计资料获领导批示达 160 多篇，……青田 4 篇，……"；③"在全省法制工作考核中，……青田、龙泉调查队荣获先进集体。"

4.3 月 18 日，青田调查队根据省总队专项处的工作部署和调查方案要求，组织开展经济社会热点问题调查。

5.4 月 8 日，徐向艳同志撰写的《关于青田经济社会热点问题的调查》在《青田调查》上发表。4 月 12 日，县长邝平正批示："此报告很及时，具有针对性，转有关部门领导阅。"4 月 12 日，副县长邹春平批示："该调查分析提出的几个问题，请有关部门关注。"

6.4 月 9 日至 10 日，丽水调查队副队长曾小珏一行 6 人来青调研科学发展观——农民增收监测、民生等六大目标实现情况，并对分乡镇监测基础工作进行检查。在队长洪祖荣的陪同下，调研组深入章村乡进行实地调研，了解基层开展农民监测工作情况。

7.4 月 24 日至 25 日，新昌调查队队长吕慧钰一行 5 人和安吉调查队队长裴晓宏一行 7 人同时来青田工作交流。

8.6 月 10 日至 11 日，东阳调查队队长包文华一行 5 人来青工作交流。

9.6 月 11 日至 13 日，在青田召开全省住户调查工作会议，浙江调查总队副总队长洪玉、队长助理沈国良、办公室主任张申龙、丽水市统计局局长、调查队队长董淑萍出席会议。

10.6 月 18 日至 19 日，浙江调查总队法规处处长邱海祥一行 4 人来青调研。

11.6 月 21 日，永嘉调查队队长吴清峰一行 7 人来青工作交流。

12.7 月 22 日，丽水调查队副队长曾小珏一行来青检查指导农村统计基层基础工作。

13.8 月 27 日至 29 日，浙江调查总队副总队长程定尧一行来青财务审计。

14.9 月 26 至 27 日，参加全市统计调查系统歌咏比赛。

15.10 月 10 日至 11 日，浙江调查总队机关党委副书记娄跃一行来青调研。

16.10 月 15 至 16 日，省地方调查局副局长黄中在丽水调查队副队长曾小珏的陪同下，对青田粮食生产监测、分乡镇人均纯收入监测等工作进行调研。其间，与青田县代县长徐光文就经济形势和统计调查工作交换了意见。

17.11 月 2 日，根据浙江调查总队《2009 年浙江省烟草消费情况调查方案》要求，青田调查队组织开展烟草消费情况调查工作。

18.11 月 11 日，组织全县统计员、调查员等参加新《统计法》学习专题培训会，参会人员积极参加《统计法》知识竞赛活动。

19.11 月 18 日，青田调查队召集 32 个乡镇的 53 名调查员进行业务培训，专题布置粮食生产、居民人均纯收入等统计抽样监测调查工作。

20.11 月 23 日，调查队队长洪祖荣一行 3 人，赴岭根乡韩山村开展结对帮扶活动。

21.12 月 4 日，在县司法局、普法办的统一部署下，在广场开展主题为"加强法制宣传教育，服务经济社会发展"的大型广场主题日活动，在现场为群众提供优质便民服务。

2010 年

1.1月14日至15日，浙江调查总队产量处处长吴红卫一行4人来青调研规模户养殖情况。

2.2月9日至10日，浙江调查总队副总队长程定尧一行来青调研。

3.3月28日至29日，浙江调查总队人教处处长徐学金一行来青调研。

4.4月7日至8日，浙江调查总队总队长梁普明等人在丽水市统计局局长、丽水调查队队长董淑萍的陪同下来青调研指导统计调查工作。

5.4月22日至23日，青田调查队一行5人到新昌学习交流。

6.5月12日，徐向艳同志任国家统计局青田调查队调查二科科长。

7.6月25日，开展农户资金情况专项调查，深入了解农村民间资金借贷情况，研究农村民间资金流向及存在的问题，为政府加强农村金融体系建设提供决策参考。

8.7月，对小舟山、吴坑、石溪等十个乡镇开展统计调查数据质量检查。

9.7月20日，召集有关乡镇统计员召开农村调查样本轮换工作座谈会。会上，队长洪祖荣详细介绍了第二轮农村调查样本轮换工作方案及流程，对样本轮换各期工作进行全面部署。

10.8月31日至9月1日，浙江调查总队人教处处长徐学金3人来青开展组织工作满意度调查。

11.9月2日至3日，浙江调查总队办公室侯武明一行2人来青调研。

12.9 月 5 日至 6 日，浙江调查总队信息技术应用处处长张芙桦来青参加财政绩效评估。

13.9 月 6 日至 7 日，浙江调查总队住户处处长张荣轩一行 4 人来青进行数据质量检查。

14.10 月 28 日，徐光文县长到青田调查队听取农民人均纯收入、低收入监测和农村住户调查样本轮换工作的汇报。

15.11 月，按照县委书记王通林的指示精神，开展青田县 2010 年度民生满意度调查。

16.11 月 15 日至 16 日，浙江调查总队人教处副处长储小华一行 3 人来青考察倪福彬晋升副主任科员事宜。

17.11 月 28 日至 30 日，在青田举行浙江调查总队党组扩大会议暨 2010 年党组理论学习中心组第 5 次（扩大）学习会，省队领导班子及各处处长 20 人参会，丽水市统计局局长、调查队队长董淑萍、青田调查队队长洪祖荣列席会议，青田县人民政府县长徐光文致欢迎词。

2011 年

1.1 月，县委书记王通林专门就 2010 年民生满意度调查结果向两会作了通报。县委书记在两会上通报民生满意度调查结果尚属首次。

2.1 月 20 日至 29 日，前往各调查点开展节前帮扶解困送温暖活动，走访慰问困难新老调查员。

3.3 月 24 日至 25 日，浙江调查总队综合处处长张祖民一行 4 人来青调研。

4.6 月 7 日，召开 19 个乡镇统计员和 20 个村的低收入农户调查员会议。

5.6 月中旬，浙江调查总队法规处处长邱海祥来青开展调研。

6.6 月 30 日，浙江调查总队副总队长程定尧一行 4 人来青调研旅游消费情况。

7.7 月 1 日至 2 日，永嘉、瑞安两调查队 10 人来青学习交流。

8.7 月 3 日至 4 日，桐庐调查队队长毛振农一行 4 人来青田学习交流。

9.7 月 3 日至 4 日，浙江调查总队处长黄重君一行 3 人来青调研。

10.7 月 7 日至 8 日，浙江调查总队纪检组长陈敏一行 4 人，在丽水市统计局副局长练永嘉的陪同下，对青田统计局、调查队队党风廉政和行风建设进行调研。

11.7 月 14 日，浙江调查总队法规处一行 3 人来青调研统计调查法制工作。

12.7 月 25 日，为加强对农村基层调查工作的管理，激励和调动各专业辅助调查员的工作积极性和主动性，青田调查队首次制定出台了《辅助调查员考核办法》。

13.8 月，组织各专业开展主要调查数据基层基础工作自查工作。

14.10 月，召开全县畜禽样本轮换专题会议，并实施主要畜禽监测样本轮换工作。

15.10 月 12 日，青田县印发《关于在全县公民中开展法制宣传教育的第六个五年规划（2011—2015 年）》，首次将《统计法》纳入普法规划中。

16.11 月，组织开展农村劳动力就业情况调查。

17.11 月 16 日，召开分乡镇人均纯收入和低收入农户监测相关业务知识培训会，全县各乡镇统计业务人员参加。

18.12 月，组织开展分乡镇农民收入与低收入农户监测调查。

2012 年

1.2 月 10 日，戴邦和县长来队调研，听取队长洪祖荣建队以来的工作汇报。

2.3 月 5 日至 7 日，全省畜禽规模户监测调查工作会议在青田召开。浙江调查总队总队长洪玉到会作重要讲话。

3.3 月 20 日，国家统计局发出《关于印发城乡住户调查一体化改革总体方案的通知》。

4.3 月 29 日，开展"进百企、入百户、优服务"大走访活动。

5.5 月 20 日至 31 日，受县委组织部委托，开展组织工作民意调查。

6.6 月，开展企业外来工问卷调查和全省党风廉政建设民意调查。

7.6 月 27 日至 28 日，浙江调查总队制度方法处副处长俞新权、孟松林来青调研县级队考核的有关事项。

8.7 月 4 日，组织抽中街道、乡镇统计员召开样本核实工作座谈会，进一步推进城乡住户一体化调查工作。

9.7 月 16 日至 31 日，组织开展中西部工业园区发展现状调查。其间，总队综合处处长张祖民就该调查工作来青开展调研。

10.8 月，组织开展城乡住户一体化抽样框的摸底工作。

11.9 月 4 日，召开全县城乡住户一体化调查摸底工作会议，详细部署住户一体化调查清查摸底工作，14 个抽中乡镇（街道）的分管领导、统计员及 22 个小区的调查员共 52 人参加。

12.9 月，浙江调查总队副总队长陈敏一行来青开展工作调研。

13.10 月 30 日，召开城乡住户一体化调查专题工作会议。

14.12 月 25 日，浙江调查总队同意曹旭娥同志退休。

15.12 月，县统计局长周冠华代管青田调查队工作。

2013 年

1.1 月 15 日至 16 日，浙江调查总队审计组来青审计。

2.3 月 19 日，浙江调查总队群众路线督导组来青开展督导工作。

3.3 月 26 日，国家统计局财务司领导来青调研，浙江调查总队副总队长程定尧陪同调研。

4.5 月 6 日，青田县统计局与青田调查队联合召开"三带三敢三不怕"作风教育实践活动全体干部动员大会。

5.6 月，组织年轻干部与油竹幼儿园开展联谊活动。

6.7 月 1 日，青田县统计局和青田调查队与丽水市统计局开展联谊活动，并赴青田县高湖镇内冯村参观中共青田县委旧址。

7.7 月 2 日，开展批零餐住限额以下行业抽样调查工作。

8.7 月 1 日至 10 日，在全县各调查网点开展了基层基础数据质量检查。

9.7 月，抽调洪祖荣同志到县侨情调查办公室负责调查业务工作。

10.8 月 27 日至 28 日，浙江调查总队副总队长程定尧在丽水市统计局局长、调查队队长董淑萍的陪同下，来青开展群众路线教育实践活动专题调研。

11.9 月，丽水市城乡一体化住户调查工作会议在青田召开。

12.11 月 21 日至 22 日，浙江调查总队人教处副处长曹智娟来青考察队领导人选。

13.12 月 18 日至 19 日，浙江调查总队人教处处长陈岐尧来青开展队领导班子考察推荐。

14.12 月 27 日，根据青委发〔2013〕67 号文件《关于建立中共国家统计局青田调查队党组的通知》，决定建立中共国家统计局青田调查队党组。

2014 年

1.1 月 29 日，浙江调查总队任命夏晓珍为国家统计局青田调查队队长（乡科级正职），试用期一年。

2.1 月 29 日，浙江调查总队党组决定，夏晓珍同志任中共国家统计局青田调查队党组书记，徐向艳同志任中共国家统计局青田调查队党组成员。

3.2 月 13 日，浙江调查总队人事处副处长曹智娟一行来青宣布队长任职文件，丽水调查队队长蒋晓红陪同。

4.2 月 24 日，浙江调查总队决定县级调查队内设机构统一调整为办公室、调查一科、调查二科，调整后的内设职能处室数量和内设机构领导职数不变。

5.3 月 4 日，青田调查队党组决定成立青田调查队党的群众路线教育实践活动领导小组，夏晓珍任组长。

6.3 月 20 日，浙江调查总队法规处处长、党的群众路线教育活动督导组组长邱海祥来青参加队党的群众路线教育活动动员部署会。

7.3 月 26 日，国家统计局财务副司长朱维盛、浙江调查总队副总队长程定尧一行来青调研，丽水调查队队长蒋晓红陪同调研。

8.4 月 8 日，浙江调查总队居民收支处副处长黄程、邵震一行来青开展住户调查数据质量检查及指导。

9.4 月 14 日，青田调查队党组会议研究决定，徐向艳同志任国家统计局青田调查队办公室主任，倪福彬同志任国家统计局青田调查队调查一科科长，周忠伟同志任国家统计局青田调查队调查二科副科长。

10.4 月 22 日，浙江调查总队副总队长张兴华来青督查第三次全国经济普查个体抽样情况。

11.5 月 6 日，参加全国群众路线教育视频会议。

12.5 月 12 日，青田队深入宝幢社区开展党的群众路线教育座谈会。本次会议以开展党的群众路线教育为主，同时针对住户数据采样中存在的疑问进行说明和解答。

13.5 月 15 日，浙江调查总队前总队长梁普明一行来青开展机关党建工作调研，丽水调查队队长蒋晓红陪同调研。

14.5 月 27 日，松阳县统计局局长孟菊美一行来青调研住户调查工作。

15.6 月 4 日，浙江调查总队法规处处长、党的群众路线教育活动督导组组长邱海祥来青检查党的群众路线教育活动开展情况。

16.6 月 4 日，党支部召开党员大会，选举徐向艳同志为党支部书记。

17.6 月 16 日，浙江调查总队纪检组组长郑蔚菱一行来青调研指导工作，丽水调查队队长蒋晓红陪同调研。

18.6 月，录用黄夏真、邬荣福两位同志为青田调查队工作人员。

19.8 月 1 日，浙江调查总队法规处处长、党的群众路线教育活动督导组组长邱海祥来青参加党的群众路线教育活动专题民主生活会。

20.9月，根据《国家统计局办公室关于组织开展千村调查的通知》要求，青田队组织开展千村调查工作。

21.10月11日至12日，浙江调查总队副总队长程定尧来青检查指导工作，丽水调查队队长蒋晓红陪同调研。

22.10月21日，浙江调查总队法规处处长、党的群众路线教育活动督导组组长邱海祥来青参加党的群众路线教育活动总结大会。

23.10月22日，开展全省党风廉政建设满意度调查。

24.10月23日，青田县统计局与青田调查队召开局队业务调整协调会：分乡镇农民收入划归统计局，规下工业、限下服务业、规模户畜禽调查划归调查队。

25.12月25日，参加全国统计工作视频会议。

2015 年

1.1月27日，浙江调查总队纪检监察室主任娄跃一行来青参加党风廉政建设工作述职述廉报告。

2.2月1日至5日，队长夏晓珍列席县第十五届人民代表大会第四次会议。

3.2月6日，召开全县调查员工作会议。

4.3月11日，浙江调查总队人事处副处长吴文跃一行来青对夏晓珍队长试用期满进行考核。

5.3月3日，青田调查队工会成立，徐向艳同志任主席，倪福彬同志任经费审查委员，黄夏真同志任女工委员。

6.3月20日，队长夏晓珍去台州调查队交流学习。

7.3月25日，浙江调查总队决定，夏晓珍正式任国家统计局青田调查队队长（乡科级正职）。

8.4 月 16 日，青田调查队成立保密工作领导小组，夏晓珍任组长，徐向艳任副组长，黄夏真、邬荣福为成员。

9.5 月 12 日，浙江调查总队信息处处长张芙桦一行来青开展调研指导信息化工作。

10.5 月 14 日，组织公民科学素质情况专项调查。

11.5 月 26 日，浙江调查总队副总队长程定尧一行来青检查指导工作，丽水调查队队长蒋晓红陪同调研。

12.5 月 27 日至 30 日，省住户交叉检查组来青检查。

13.6 月 1 日，召开全县统计调查工作会议，青田县常务副县长翁伟荣到会并作重要讲话。

14.6 月 23 日，浙江调查总队专项调查处处长周镇元一行来青检查指导公民科学素质情况专项调查工作。

15.6 月 30 日，浙江调查总队财务处、丽水调查队、青田调查队支部三级联动开展支部活动。

16.7 月 6 日，录用陈项通同志为青田调查队工作人员。

17.7 月 16 日，浙江调查总队副总队长程定尧来青上《弘扬延安精神 践行三严三实》专题党课。

18.7 月 20 日至 22 日，浙江调查总队居民收支处处长殷伯尧一行来青检查住户调查工作。

19.8 月 12 日，浙江调查总队人事处副处长邬淑萍一行来青选拔推荐副队长一名。

20.8 月 14 日，青田调查队调查二科副科长周忠伟辞去公务员职务。

21.9 月 8 日，队长夏晓珍一行 5 人到瑞安调查队交流学习。

22.9 月 16 日，青田县县长戴邦和到浙江调查总队汇报交流工作，青田调查队队长夏晓珍陪同。

23.9 月 21 日，青田调查队党组决定，黄夏真同志任办公室科员，邬荣福同志任调查一科科员。

24.9 月 28 日，召开全县住户调查样本轮换工作会议。

25.10 月 13 日，浙江调查总队决定任命徐向艳为国家统计局青田调查队副队长（乡科级副职），试用期 1 年。

26.11 月 11 日，浙江调查总队总队长洪玉一行来青调研指导工作，丽水调查队队长蒋晓红陪同调研，其间，与青田县县长戴邦和交流工作意见。

27.12 月 1 日，青田县常务副县长翁伟荣一行来队调研。

28.12 月 25 日，浙江调查总队法规处处长邱海祥一行来青开展干部年度考核，并参加三严三实专题民主生活会。

2016 年

1.1 月 25 日，召开全县调查员工作会议。

2.2 月 18 日，青田调查队发出青调字〔2016〕2 号文件《关于调整领导分工的通知》，根据实际工作需要，队领导分工调整如下：夏晓珍主持全面工作，分管人事、财务、城乡住户调查、规下工业调查；徐向艳分管纪检、办公室、综合、法制、农业、畜牧业、限下批零贸易调查。

3.3 月 7 日，党组举行专题民主生活会。

4.3 月 10 日，浙江调查总队财务处副处长张军一行来青开展财务审计工作。

5.3 月 15 日，全省畜禽监测调查数据处理程序培训会议在青田召开。

6.3 月 21 日至 25 日，副队长徐向艳列席县政协九届五次会议。

7.3 月 22 日至 26 日，队长夏晓珍列席县第十五届人民代表大会第五次会议。

8.6 月 22 日，丽水调查队队长蒋晓红一行来青调研指导工作。

9.7 月 27 日，队长夏晓珍一行去温州队开展省市县三级支部联动工作。

10.9 月 28 日，队办公住址从县政府搬迁至塔山大楼。

11.10 月 13 日，浙江调查总队副总队长程定尧一行来青调研指导工作，丽水调查队队长蒋晓红陪同调研。

12.10 月 27 日，浙江调查总队副总队长陈敏、企业处及温州市调查队来青开展党支部联动活动。

13.10 月 28 日，召开全县党风廉政建设调查工作会议。

2017 年

1.1 月 22 日，浙江调查总队副总队长程定尧一行来青开展年度工作考核，并参加队年度班子民主生活会。

2.1 月 24 日，浙江调查总队决定徐向艳正式任国家统计局青田调查队副队长（乡科级副职）。

3.2 月 19 日至 24 日，副队长徐向艳列席参加县政协十届第一次会议。

4.3 月 20 日至 25 日，队长夏晓珍列席县第十六届人民代表大会第一次会议。

5.5 月 8 日，丽水调查队队长蒋晓红来青调研走访住户调查工作。

6.5 月 21 日，浙江调查总队居民收入处来青开展住户数据质量检查工作。

7.6 月 5 日，浙江调查总队总队长仲柯一行来青调研，丽水调查队队长蒋晓红陪同调研。

8.6 月 7 日，开展"庸懒散"专项治理活动及推进"两学一做"学习教育常态化、制度化动员部署会。

9.7 月 4 日，浙江调查总队副总队长张兴华一行来青调研，丽水调查队队长蒋晓红陪同。

10.8 月 24 日，丽水调查队纪检组长江兆鸿一行来青田开展纪检检查指导。

11.9 月 1 日，召开全县住户调查大样本轮换工作会议，副县长陈海民参加会议并作重要讲话。

12.8 月，县府办发文《进一步加强全县住户调查工作的通知》。

13.9 月 18 日，全市工价调查工作会议在青田召开。

14.10 月 26 日，国家统计局北京调查总队副总队长孙晓东、浙江调查总队副总队长陈敏在丽水调查队副队长张晓勇陪同下，来青调研。

15.11 月 17 日，组织召开全县党风廉政建设满意度调查工作会议。

2018 年

1.1 月 7 日，召开全县统计调查工作会议，丽水调查队副队长陈彤到会并作讲话。

2.2 月 2 日，浙江调查总队副总队长张兴华一行来青开展年度工作考核及班子民主生活会。

3.2 月 3 日至 6 日，副队长徐向艳列席县政协十届第二次会议。

4.2 月 4 日至 7 日，队长夏晓珍列席县第十六届人民代表大会第二次会议。

5.3 月 2 日，参加全国统计系统党风廉政建设工作视频会议。

6.3 月 14 日，浙江调查总队总队长仲柯一行到青调研，丽水调查队队长邬淑萍陪同调研。

7.5 月 25 日，浙江调查总队财务处处长邱海祥一行来青开展"访基层 读原著 讲党课 贯彻落实十九大精神"主题党日活动，丽水调查队队长邬淑萍陪同。

8.7 月 12 日，浙江调查总队纪检组组长车艳萍一行来青田调研，丽水调查队队长邬淑萍陪同调研。

9.7 月 31 日，龙游调查队队长王文龙一行来青交流学习。

10.9 月 28 日，浙江调查总队居民收支处副处长黄程一行到青调研指导农民增收工作，副县长陈海民陪同调研。

11.10 月 29 日，中共国家统计局浙江调查总队党组发出浙调党组任免〔2018〕34 号《关于吴金波同志任职的通知》，经国家统计局浙江调查总队党组 2018 年 10 月 18 日会议研究决定，吴金波同志任中共国家统计局青田调查队党组成员、党组纪检组组长。

12.11 月 7 日，国家统计局浙江调查总队发出浙调函〔2018〕52 号《关于倪福彬调出青田调查队的批复》，经总队党组研究并报国家统计局人事司批准（人事司函〔2018〕444 号），同意倪福彬调出国家统计局青田调查队。2018 年 12 月，倪福彬同志调到青田县行政执法局工作。

13.12 月 6 日，国家统计局浙江调查总队发出浙调字〔2018〕

107 号《关于开展主要畜禽监测调查样本轮换工作的通知》，决定在全省范围内开展主要畜禽监测调查样本轮换工作，并附《2018 年浙江省开展主要畜禽监测调查样本轮换实施细则》。

14.12 月 13 日，国家统计局浙江调查总队办公室发出浙调办字〔2018〕78 号《关于开展粮食产量调查监测工作的通知》，另附《浙江省粮食产量调查监测工作方案》。

2019 年

1.1 月 14 日，浙江调查总队机关党工委专职副书记王继章一行来青开展考核工作及参加民主生活会。

2.2 月 1 日，国家统计局浙江调查总队发出〔2019〕8 号文件《关于开展高质量农产品生产者价格试点调查的通知》，根据《国家统计局关于开展高质量农产品生产者价格试点调查的通知》（国统字〔2018〕209 号）要求，经研究决定，在现行国家农产品生产者价格调查县开展高质量农产品生产者价格试点调查工作。并附《浙江省高质量农产品生产者价格试点调查方案》。青田调查队负责对猪和杨梅这两个农产品生产者价格的高质量试点调查工作。

3.2 月 24 日至 28 日，副队长徐向艳列席县政协十届第二次会议。

4.2 月 25 日至 29 日，队长夏晓珍列席县第十六届人民代表大会第二次会议。

5.4 月 4 日，中共国家统计局浙江调查总队党组发出浙调党组字〔2019〕6 号文件《关于印发市县调查队党组纪检组组长主要工作职责（试行）的通知》，《市县调查队党组纪检组组长主要工作职责（试行）》共四章二十二条。

6.6 月 11 日，参加国家统计局"不忘初心 牢记使命"主题教育动员视频会。

7.6月13—14日浙江调查总队农业处处长吴磊一行来青田队开展土地撂荒情况调研，副县长陈海民陪同调研。

8.7月3日，浙江调查总队副总队长沈国良一行来青开展"不忘初心 牢记使命"主题教育调研，丽水调查队队长邬淑萍陪同调研。

9.9月2日，参加国家统计局"不忘初心 牢记使命"主题教育总结视频会。

10.10月9日，丽水调查队队长邬淑萍来青田队开展主题教育问题征求意见。同日，浙江调查总队消价处处长吴晓燕一行来青检查指导主题教育开展情况。

11.10月14日，浙江调查总队办公室副主任张军带领审计组来青对青田、龙泉、缙云三支调查队进行三年财务收支审计，龙泉、缙云调查队按规定将需要提供的审计资料送达青田调查队。

12.10月23日，丽水调查队纪检组组长江兆鸿一行来青调研指导工作。

13.11月5日，组织召开全面从严治党专项调查会议。

14.11月6日，丽水调查队副队长陈彤一行来青检查指导住户调查工作。

15.11月14日，丽水调查队住户处处长纪学武来青开展全县调查员业务培训。

16.12月3日，浙江调查总队人事处副处长陈青一行来青开展职级晋升工作。

17.12月9日，浙江调查总队消价处处长吴晓燕来青参加队"不忘初心 牢记使命"主题教育专题民主生活会。

18.12 月 26 日，国家统计局浙江调查总队发出浙调任免〔2019〕57 号文件《关于王樟云等职级晋升的通知》，批准夏晓珍任国家统计局青田调查队一级主任科员；徐向艳、洪祖荣任国家统计局青田调查队三级主任科员。

2020 年

1.2 月 19 日，青田县副县长陈海民一行来青田队调研农民增收情况。

2.4 月 14 日，浙江调查总队人事处副处长李珍一行来青开展职级晋升工作。

3.5 月 13 日，浙江调查总队专项调查处副处长俞鑫权一行来青开展专项调查工作调研。

4.5 月 14 日，丽水调查队四级调研员王慧光一行来青调研农业农村调查基层基础工作。

5.5 月 21 日，国家统计局浙江调查总队、浙江省统计局联合发出浙调字〔2020〕30 号文件《关于开展住户调查样本轮换工作的通知》，决定开展 2020 年住户调查样本轮换工作。

6.6 月 1 日，国家统计局浙江调查总队发出浙调任免〔2020〕13 号文件《关于蒋伟杰等职级晋升的通知》，其中批准洪祖荣任国家统计局青田调查队二级主任科员。

7.6 月 11 日，丽水调查队队长邬淑萍一行来青调研指导统计调查工作。

8.6 月 19 日，丽水调查队纪检组组长江兆鸿一行来青调研党风廉政建设工作。

9.6 月 30 日，参加国家统计局局长宁吉喆专题党课。

10.7 月 10 日，组织召开全县农业农村调查基层基础建设工作会议，丽水调查队队长邬淑萍、青田县副县长陈海民参加会议并作重要讲话。

11.7 月 31 日，丽水调查队副队长陈彤一行来青检查指导住户调查工作。

12.8 月 4 日至 11 日，浙江调查总队第四巡察组一行来青开展政治巡察。

13.8 月 7 日，浙江调查总队总队长张斌一行来青调研，丽水市委副书记李峰、丽水调查队队长邬淑萍、青田县委副书记陈铭陪同调研。

14.10 月 15 日，浙江调查总队二级巡视员徐学金一行来青调研指导劳动力调查工作，丽水调查队队长邬淑萍陪同调研。

15.11 月 3 日，浙江调查总队第四巡察组一行来青田队开展政治巡察工作反馈。

16.11 月 11 日，参加国家统计局局长宁吉喆关于十九届五中全会精神学习专题党课。

17.11 月 12 日，丽水调查队纪检组组长江兆鸿一行来青田队开展纪检监督检查工作。

18.11 月 18 日，浙江调查总队副总队长王文娜一行来青参加青田队巡视巡察整改专题民主生活会。

2021 年

1.1 月 8 日，参加全国统计工作视频会议。

2.1 月 27 日，丽水调查队队长邬淑萍一行来青调研劳动力扩样及住户调查工作。

3.1 月 29 日，开展年度工作考核。

4.2 月 25 日，参加全国统计部门全面从严治党工作视频会议。

5.3 月 2 日，丽水调查队四级调研员王慧光一行来青开展全县春耕备耕情况调研。

6.3 月 10 日，组织召开全县辅助调查员工作会议。

7.3 月 12 日，参加国家统计局党史学习教育动员部署视频会议。

8.3 月 26 日，召开队党史学习教育动员部署会议。

9.4 月 1 日，浙江省调查总队财务处处长蒋采祥一行来青开展公务用车保障情况调研，丽水调查队副队长廖正青陪同调研。

10.4 月 1 日，浙江调查总队人事处副处长胡东一行来青开展职级晋升工作。

11.4 月 2 日，丽水调查队队长张成新一行来青调研统计调查工作。

12.4 月 12 日，青田县县长潘伟、青田县委常委陈海民一行来青田调查队开展统计调查工作调研，并听取夏晓珍队长工作汇报。

13.4 月 16 日，丽水调查队副队长廖正青一行来青调研统计调查获取行政记录数据路径及利用研究。

14.5 月 14 日，国家统计局浙江调查总队发出浙调任免〔2021〕22 号文件《关于何永亮等职级晋升的通知》，其中批准王贵任国家统计局青田调查队四级主任科员。

15.5 月 18 日，国家统计局浙江调查总队发出浙调任免〔2021〕25 号文件《关于张建平等职级晋升的通知》，批准夏晓珍任国家统计局青田调查队四级调研员。

16.5 月 28 日，浙江调查总队副总队长王文娜一行来青开展全面从严治党落实情况监督暨党史学习教育工作指导。

17.6 月 7 日，国家统计局浙江调查总队办公室发出浙调办字〔2021〕31 号文件《关于开展农产品生产者价格调查和主要农产品中间消耗调查样本轮换工作的通知》，附《2021 年浙江农产品生产者价格调查样本轮换实施方案》和《2021 年浙江主要农产品中间消耗调查样本抽选办法》。

18.6 月 17 日，丽水调查队纪检组组长江兆鸿一行来青开展纪检工作交叉检查暨百队调研座谈会。

19.9 月 13 日，丽水调查队办公室主任沈莹一行来青开展职级晋升工作。

20.10 月 20 日，浙江调查总队副总队长吴磊一行来青开展统计调查工作调研，丽水调查队队长张成新陪同调研。

21.11 月 8 日，组织开展全面从严治党满意度专项调查。

22.11 月 11 日，东阳调查队队长吴相平一行来青交流学习。

23.11 月 15 日，丽水调查队纪检组组长江兆鸿一行来青开展纪检工作交叉检查。

24.11 月 25 日，参加国家统计局局长宁吉喆关于学习贯彻十九届六中全会精神的专题培训。

25.12 月 23 日，丽水调查队队长张成新来青宣讲十九届六中全会精神。

26.12 月 26 日至 29 日，队长夏晓珍作为党代表参加县第十五次党代会第一次会议。

第三节 获奖情况

1986 年 10 月，包霞村被国家统计局评为全国调查队系统先进个人。

1987 年 5 月 3 日，丽水地区统计局发出丽地统〔1987〕11 号文件《关于公布"丽水地区 1986 年度统计工作先进集体和先进统计工作者"的通知》，青田县农村抽样调查队被评为丽水地区 1986 年度统计工作先进集体，阮旭平被评为丽水地区 1986 年度先进统计工作者。

1990 年 12 月，借用县统计局的刘正火被国务院第四次全国人口普查领导小组评为国家级先进个人。

1992 年 1 月 20 日，借用县统计局的刘正火被青田县计划经济委员会评为一九九一年度先进工作者。

1992 年 4 月 17 日，丽水地区统计局发出丽地统〔1992〕26 号文件《关于表彰一九九一年度全区统计先进集体和先进工作者的通知》，青田县农调队的洪祖荣被评为地区级统计先进工作者。

1992 年 7 月 1 日，借用县统计局的刘正火荣获中共青田县委宣传部、中共青田县直属机关委员会共同举办的"纪念建党七十一周年演讲比赛"二等奖。

1992 年 9 月 1 日，浙江省农村社会经济调查队发出浙农调

〔1992〕33号文件《关于公布"中国儿童情况抽样调查"评比结果的通知》，青田县农调队荣获鼓励奖。

1993年1月12日，中共青田县直属机关委员会发出青机党字〔1993〕1号文件《县机关党委关于表彰一九九二年度先进党支部、先进共产党员的决定》，中共青田县统计局支部被评为一九九二年度先进党支部，刘正火被评为一九九二年度县级优秀共产党员。

1993年2月，青田县农调队荣获一九九二年度农产量调查报表及时性、准确性考核达标优胜单位。

1993年5月20日，刘正火撰写的《我县第三产业发展情况浅析》被丽水地区统计局评为1991—1992年度地区优秀统计分析三等奖。

1993年8月，青田县农调队被评为全省农村社会经济调查表扬单位。

1994年3月，青田县农调队荣获一九九三年度农产量调查工作达标优胜单位、农村住户调查工作达标优胜单位、乡村社会经济调查工作达标优胜单位、调查工作表扬单位。

1994年12月10日，浙江省农村社会经济调查队发出浙农调〔1994〕61号文件《关于公布浙江省农调系统会计报表考核评比结果的通知》，青田县农调队荣获一九九四年度会计报表一等奖、会计工作考核评比一等奖。12月，刘正火、高金华同志被评为第一次全国第三产业普查国家级先进个人。

1995年2月，刘正火撰写的《机关党建工作必须强化思想教育这一课》在浙江省机关党建研究会丽水地区团体会员组一九九四年度论文评选中获鼓励奖。

1995 年 4 月 5 日，浙江省农村社会经济调查队发出浙农调〔1995〕18 号文件《关于公布农产量、住户、乡村社会经济调查达标考核评比结果的通知》，青田县农调队的农产量调查、农村住户调查、乡村社会经济调查三个专业均为一九九四年度达标优胜单位。

1995 年 6 月 8 日，刘正火被青田县人民政府办公室评为一九九四年度《政务信息》优秀信息员。

1995 年 12 月，青田县农调队荣获一九九五年度财务报表考核评比三等奖。

1996 年 3 月，青田县农调队荣获一九九五年度农村社会经济调查工作综合考核优胜单位。

1996 年 12 月 12 日，青田县农调队荣获一九九六年度农调系统财务报表工作考评二等奖。

1996 年 12 月，借用县统计局齐旭君被评为第三次全国工业普查省级先进工作者。

1997 年 3 月，青田县农调队荣获一九九六年度农村社会经济调查工作目标管理综合考评优胜单位、农产量调查工作目标管理考核评比优胜单位、乡村社会经济调查工作目标管理考核评比优胜单位、农村重大消息工作目标管理考核评比优胜单位。

1997 年 3 月 10 日，丽水地区统计局发出丽地统〔1997〕2 号文件《关于表彰统计系统先进集体和先进工作者的决定》，青田县农调队借用到县统计局的陈章平荣获地区级统计系统先进工作者称号。

1997 年 10 月，刘正火同志被浙江省基本单位普查协调小组办公室评为第一次全国基本单位普查省级先进个人。借用县统计局的齐旭君被评为第一次全国基本单位普查国家级先进个人。

1998 年 3 月，青田县农调队荣获一九九七年度农村社会经济调查工作目标管理综合考评优胜单位、农产量调查工作目标管理考核评比一等奖、乡村社会经济调查工作目标管理考核评比三等奖、农村重大信息工作目标管理考核评比三等奖、农调系统财务报表工作考核评比一等奖。

1998 年 5 月 5 日，国家统计局发出《关于表彰全国农调系统先进集体的决定》和《关于表彰全国农调系统先进工作者的决定》，青田县农调队的洪祖荣被评为全国农调系统先进工作者。

1998 年 10 月，青田县农调队在农村调查工作中成绩显著，被浙江省统计局评为全省农调系统先进集体。

1998 年 10 月，青田县农调队荣获 1998 年度《调研世界》征订发行工作考评二等奖、财务报表评比一等奖、农村社会经济调查工作目标管理综合考评优胜单位、农产量调查工作考评优胜单位、乡村社会经济调查工作考评优胜单位。

1999 年 8 月 20 日，青田县农调队的刘正火撰写的《建机制，严管理，加强监督"一把手"》荣获县机关党建研究论文一等奖。该论文又在浙江省机关党建研究会丽水地区团体会员组一九九九年组织的"机关党建研究"论文评选中荣获三等奖。

1999 年 11 月，青田县农调队荣获一九九九年度《调研世界》征订发行工作考评一等奖、财务报表评比一等奖。

1999 年 12 月，洪祖荣、陈章平被评为第一次全国农业普查国家级先进个人，倪福彬被评为省级先进个人，齐旭君、周忠伟同志被评为地区级先进个人。

2000年3月，青田县农调队荣获一九九九年度农产量调查工作目标管理考评三等奖、乡村社会经济调查工作目标管理考评优胜单位。

2001年3月12日，浙江省农调队发出浙农调〔2001〕12号文件《关于公布2000年度目标管理考核评比结果的通知》，青田县农调队荣获农产量调查、财务报表工作表扬单位。

2001年12月，齐旭君被评为第五次全国人口普查市级先进个人。

2002年3月8日，浙江省农调队发出浙农调〔2002〕9号文件《关于公布2001年度目标管理考核评比结果的通知》，青田县农调队荣获农产量调查、财务报表工作表扬单位。

2003年1月，齐旭君被评为第二次全国基本单位普查国家级先进个人。

2003年2月28日，浙江省农调队发出浙农调〔2003〕9号文件《关于公布2002年度目标管理考核评比结果的通报》，青田县农调队荣获农产量调查、乡村社会经济调查、农村重大信息工作表扬单位。

2003年3月3日，浙江省农调队发出浙农调〔2003〕10号文件《关于2002年度全省农调系统优秀统计分析报告评选结果的通报》，青田县农调队报送的《加强社区建设，保障人民安居乐业》一文荣获二等奖。

2004年1月12日，浙江省农调队发出浙农调〔2004〕5号文件《关于2003年度全省农调系统优秀统计分析报告评选结果的通报》，刘正火撰写的《"一廊两组团"思路正确，工业园区建设态势良好》一文荣获二等奖；青田县农调队洪祖荣同志撰写的《青田县农村居民收入差距扩大的原因与对策》一文荣获三等奖。

2004年3月8日，青田县农调队的刘正火撰写的《一次统计执法的前前后后》荣获丽水市统计局举办的"金马杯"纪念《统计法》颁布二十周年有奖征文二等奖。

2004年3月8日，浙江省农调队发出浙农调〔2004〕10号文件《关于2003年度全省农调系统考核评比结果的通报》，青田县农调队荣获农村重大信息工作二等奖，以及综合考评、农产量及耕地面积调查工作、农村住户调查工作、乡村社会经济调查工作、政务信息与《调研世界》发行工作三等奖。

2005年1月7日，浙江省农调队发出浙农调〔2005〕1号文件《关于2004年度全省农调系统优秀统计分析报告评选结果的通报》，青田县农调队曹旭娥撰写的《青田县矿业企业职工危害现状调查》一文荣获二等奖。

2005年1月，齐旭君被评为丽水市统计系统先进工作者。

2005年3月24日，浙江省农调队发出浙农调〔2005〕16号文件《关于2004年度全省农调系统考核评比结果的通报》，青田县农调队荣获综合考评二等奖、农村住户调查工作、农产量生产价格和农林牧渔业中间消耗调查工作、乡村社会经济调查工作、统计调查分析研究工作、农村重大信息工作优胜单位。

2006年1月10日，浙江省农调队发出浙农调〔2006〕2号文件《关于2005年度农调系统优秀统计分析报告评选结果的通报》，青田县农调队曹旭娥撰写的《农民专业合作社组织发展情况的调查报告》一文荣获二等奖。

2006年1月18日，浙江省农调队发出浙农调〔2006〕3号文件《关于2005年度全省农调系统考核评比结果的通报》，青田县农调队荣获综合考评一等奖、粮食产量调查工作、畜牧业抽样调查工作、农村住户调查工作、乡村社会经济调查工作、统计调查分析研究工作、农村重大信息工作、综合行政管理工作优胜单位。

2006年6月，齐旭君被评为青田县优秀党务工作者。

2006年10月，刘正火被浙江省人民政府残疾人工作协调委员会评为"浙江省第二次全国残疾人抽样调查先进个人"。

2006年11月22日，国家统计局浙江调查总队发出浙调字〔2006〕43号文件《关于表彰调查队系统统计基层基础建设省级先进单位和个人的决定》，青田县农调队荣获全省调查队系统统计基层基础建设省级先进单位；倪福彬荣获调查队系统统计基层基础建设省级先进个人。

2007年1月，青田县农调队在2006年度全省农调队系统综合考核评比中，荣获农调工作一等奖。

2007年1月，青田县农调队在2006年度全省农调队系统单项考核评比中，荣获农村住户调查工作优胜单位。

2008年2月21日，青田调查队的徐向艳被评为第二次全国农业普查国家级先进个人、倪福彬被评为省级先进个人、周忠伟同志被评为市级先进个人。

2009年2月5日，国家统计局浙江调查总队办公室发出浙调办字〔2009〕11 号文件《关于 2008 年度农村住户调查、农产品价格和中间消耗调查工作考核评比结果的通报》，国家统计局青田调查队荣获农产品价格和中间消耗调查优秀单位。

2009 年 2 月 9 日，国家统计局浙江调查总队办公室发出浙调办字〔2009〕13 号文件《关于 2008 年度综合考核评比结果的通报》，国家统计局青田调查队荣获 2008 年度综合考核评比一等奖。又获 2008 年度管理工作成绩突出通报表扬的 11 个单位之一。

2009 年 2 月 17 日，国家统计局浙江调查总队办公室发出浙调办字〔2009〕15 号文件《关于 2008 年度农业抽样调查工作考核评比结果的通报》，国家统计局青田调查队荣获 2008 年度农业抽样调查组织管理优秀单位。

2009 年 2 月 19 日，国家统计局浙江调查总队办公室发出浙调办字〔2009〕18 号文件《关于 2008 年度统计法制工作考核评比情况的通报》，国家统计局青田调查队被评为全省 2008 年度全省调查队系统统计法制工作先进单位，受通报表彰。

2009 年 2 月 23 日，国家统计局浙江调查总队办公室发出浙调办字〔2009〕20 号文件《关于 2008 年度政务信息工作考核评比结果的通报》，国家统计局青田调查队被评为全省 2008 年度政务信息工作成绩显著的 13 个单位之一。

2009 年 2 月 24 日，国家统计局浙江调查总队办公室发出浙调办字〔2009〕22 号文件《关于 2008 年农户固定资产投资抽样调查工作考核评比结果的通报》，国家统计局青田调查队荣获 2008 年度农户固定资产投资抽样调查工作一等奖。

2009 年 2 月，青田县统计局、调查队共建支部获 2008 年度基层党建工作先进集体。

2009 年 4 月 21 日，浙江省统计局、国家统计局浙江调查总队发出《关于浙江省统计系统 2008 年优秀统计分析评审结果的通报》，青田调查队报送的《青田县教师收入待遇情况的调查报告》荣获三等奖。

2009 年 12 月 22 日，国家统计局浙江调查总队办公室发出浙调办字〔2009〕77 号文件《关于 2009 年度综合统计调查工作考核评比结果的通报》，国家统计局青田调查队荣获 2009 年度县级调查队综合统计调查工作先进单位。

2010 年 1 月 12 日，国家统计局浙江调查总队办公室发出浙调办字〔2010〕4 号文件《关于 2009 年度人事管理工作考核评比结果的通报》，国家统计局青田调查队荣获 2009 年度人事管理工作先进单位。

2010 年 1 月 15 日，国家统计局浙江调查总队办公室发出浙调办字〔2010〕9 号文件《关于 2009 年度全省调查队系统政务信息公文处理保密工作先进单位的通报》，国家统计局青田调查队分别荣获 2009 年度政务信息工作、公文处理工作、保密工作三等奖。

2010 年 1 月 15 日，国家统计局浙江调查总队办公室发出浙调办字〔2010〕10 号文件《关于表彰全省调查队系统政务信息先进组织者和优秀信息员的通报》，国家统计局青田调查队的徐向艳荣获全省调查队系统优秀信息员称号。

2010 年 1 月 22 日，国家统计局浙江调查总队办公室发出浙调

办字〔2010〕22号文件《关于2009年度全省农户固定资产投资调查工作考核情况的通报》，国家统计局青田调查队荣获2009年度全省农户固定资产投资调查工作考核评比二等奖。

2010年1月26日，国家统计局浙江调查总队办公室发出浙调办字〔2010〕26号文件《关于2009年度农村住户调查工作考核评比结果的通报》，国家统计局青田调查队荣获2009年度农村住户调查工作二等奖、农产品生产价格和中间消耗调查优胜单位、农民工监测调查优胜单位。

2010年1月28日，国家统计局浙江调查总队办公室发出浙调办字〔2010〕27号文件《关于2009年度农业抽样调查工作考核评比结果的通报》，国家统计局青田调查队荣获2009年度粮食产量抽样调查优胜单位、畜禽监测调查优胜单位。

2010年2月3日，国家统计局浙江调查总队办公室发出浙调办字〔2010〕30号文件《关于2009年度专项调查工作考核结果的通报》，国家统计局青田调查队荣获2009年度专项调查工作考核评比一等奖。

2010年4月13日，浙江省统计局、国家统计局浙江调查总队联合发出浙统〔2010〕30号文件《关于2009年度浙江省统计系统优秀统计分析评审结果的通报》，国家统计局青田调查队选送的《青田县农村土地使用权流转情况的调查》一文荣获二等奖。

2011年1月4日，国家统计局浙江调查总队办公室发出浙调办字〔2011〕1号文件《关于2010年度农业调查工作考核评比结果的通报》，国家统计局青田调查队荣获畜禽监测调查优胜单位。

2011年1月10日，国家统计局浙江调查总队办公室发出浙调办字〔2011〕3号文件《关于2010年度农村住户调查工作考核评比结果的通报》，国家统计局青田调查队荣获农村住户调查三等奖、农民工监测调查三等奖、农产品生产价格和中间消耗调查二等奖。

2011年1月20日，国家统计局浙江调查总队办公室发出浙调办字〔2011〕13号文件《关于表彰2010年度全省调查队系统政务信息公文处理保密工作先进单位的通报》，国家统计局青田调查队荣获政务信息工作三等奖、公文处理工作三等奖、保密工作二等奖。

2011年1月20日，国家统计局浙江调查总队办公室发出浙调办字〔2011〕15号文件《关于2010年全省农户固定资产投资调查工作考核情况的通报》，国家统计局青田调查队荣获一等奖。

2011年1月24日，国家统计局浙江调查总队发出浙调字〔2011〕5号文件《关于2010年度综合考核评比结果的通报》，国家统计局青田调查队荣获2010年度综合考核评比一等奖。

2011年1月26日，国家统计局浙江调查总队办公室发出浙调办字〔2011〕20号文件《关于2010年度全省专项调查工作考核评比结果的通报》，国家统计局青田调查队荣获县（市、区）级调查队二等奖。

2011年2月12日，国家统计局浙江调查总队办公室发出浙调办字〔2011〕23号文件《关于2010年度度综合统计调查工作考核评比结果的通报》，国家统计局青田调查队荣获县级调查队综合统计调查工作先进单位。

2011年3月1日，国家统计局浙江调查总队办公室发出浙调办字〔2011〕28 号文件《关于表彰 2010 年浙江省农村住户调查样本轮换工作先进集体和先进个人的通报》，国家统计局青田调查队荣获 2010 年浙江省农村住户调查样本轮换工作先进集体称号。

2011 年 4 月 21 日，浙江省统计局、国家统计局浙江调查总队联合发出浙统〔2011〕28 号文件《关于全省统计"五五"普法先进集体和先进个人评选结果的通报》，青田县统计局被评为先进集体，国家统计局青田调查队的徐向艳同志被评为先进个人。

2011 年 12 月 9 日，国家统计局浙江调查总队办公室发出浙调办字〔2011〕90 号文件《关于 2011 年综合统计调查工作考核评比结果的通报》，根据《国家统计局浙江直属调查队系统综合统计调查工作考核评比办法（试行）》（浙调办字〔2009〕56 号），总队对各调查队 2011 年度综合统计调查工作进行了考核评比，国家统计局青田调查队被评为县级调查队综合统计调查工作先进单位。

2012 年 1 月 4 日，国家统计局浙江调查总队办公室发出浙调办字〔2012〕1 号文件《关于 2011 年度农村住户调查工作考核评比结果的通报》，国家统计局青田调查队荣获农村住户调查三等奖、农产品生产价格和中间消耗调查三等奖。

2012 年 1 月 10 日，国家统计局浙江调查总队办公室发出浙调办字〔2012〕5 号文件《关于 2011 年度农业调查工作考核评比结果的通报》，国家统计局青田调查队荣获粮食产量抽样调查优胜单位、畜禽监测调查优胜单位、畜禽监测调查样本轮换优胜单位。

2012 年 1 月 10 日，国家统计局浙江调查总队办公室发出浙调办字〔2012〕6 号文件《关于 2011 年全省农户固定资产投资调查工作考核情况的通报》，国家统计局青田调查队荣获二等奖。

2012年1月12日，国家统计局浙江调查总队办公室发出浙调办字〔2012〕9号文件《关于2011年度全省专项调查工作考核结果的通报》，国家统计局青田调查队荣获二等奖。

2012年1月13日，国家统计局浙江调查总队办公室发出浙调办字〔2012〕12号文件《关于2011年度全省调查队系统统计法制工作考核评比结果的通报》，国家统计局青田调查队荣获2011年统计普法工作先进单位。

2012年1月17日，国家统计局浙江调查总队办公室发出浙调办字〔2012〕14号文件《关于表彰2011年度全省调查队系统政务信息、公文处理和保密工作先进集体的通报》，国家统计局青田调查队荣获政务信息工作三等奖、公文处理工作一等奖。

2012年2月20日，国家统计局浙江调查总队发出浙调字〔2012〕12号文件《关于2011年度综合考核评比结果的通报》，国家统计局青田调查队荣获一等奖。

2012年3月7日，国家统计局浙江调查总队办公室发出浙调办字〔2012〕27号文件《关于表彰2011年度全省调查队系统政务信息先进组织者和优秀信息员的通报》，国家统计局青田调查队的徐向艳同志被评为2011年度全省调查队系统优秀信息员。

2013年1月11日，国家统计局浙江调查总队发出浙调字〔2013〕4号文件《关于全省一体化住户调查先进集体和先进个人评选结果的通报》，国家统计局青田调查队荣获全省一体化住户调查先进集体称号，倪福彬同志荣获全省一体化住户调查先进个人称号。

2013年1月15日，国家统计局浙江调查总队办公室发出浙调办字〔2013〕3号文件《关于2012年度农业调查工作考核评比结果的通报》，国家统计局青田调查队荣获粮食产量抽样调查三等奖。

2013年1月17日，国家统计局浙江调查总队办公室发出浙调办字〔2013〕5号文件《关于2012年度全省专项调查工作考核结果的通报》，国家统计局青田调查队荣获2012年度专项调查工作二等奖。

2013年1月22日，国家统计局浙江调查总队办公室发出浙调办字〔2013〕12号文件《关于2012年度农村住户调查工作考核评比结果的通报》，国家统计局青田调查队荣获农村住户调查三等奖。

2013年1月24日，国家统计局浙江调查总队办公室发出浙调办字〔2013〕15号文件《关于2012年度全省农户固定资产投资调查工作考核情况的通报》，国家统计局青田调查队荣获2012年度全省农户固定资产投资调查工作三等奖。

2013年1月24日，国家统计局浙江调查总队办公室发出浙调办字〔2013〕16号文件《关于2012年度全省调查队系统办公室工作考核评比结果的通报》，国家统计局青田调查队荣获2012年度文书处理工作三等奖、政务信息工作三等奖、保密工作三等奖。

2013年1月25日，国家统计局浙江调查总队办公室发出浙调办字〔2013〕17号文件《关于2012年统计法制工作考核评比结果的通报》，国家统计局青田调查队荣获2012年统计法制工作三等奖。

2013年1月28日，国家统计局浙江调查总队办公室发出浙调办字〔2013〕18 号文件《关于 2012 年度全省综合统计调查工作考核评比结果的通报》，国家统计局青田调查队荣获 2012 年度全省综合统计调查工作三等奖。

2013 年 1 月 31 日，国家统计局住户调查总队办公室发出浙调办字〔2013〕20 号文件《关于 2012 年度全省调查队系统信息化建设工作考核评比结果的通报》，国家统计局青田调查队荣获 2012 年度全省调查队系统信息化建设工作二等奖。

2013 年 3 月 21 日，国家统计局住户调查总队办公室发出浙调办字〔2013〕32 号文件《关于 2012 年度全省调查队系统政务信息先进组织者和先进个人的通报》，国家统计局青田调查队的徐向艳同志被评为全省调查队系统政务信息工作先进个人。

2013 年 5 月 20 日，浙江省统计局、国家统计局浙江调查总队发出浙统办〔2013〕24 号文件《关于浙江省统计系统 2012 年度优秀统计分析报告评审结果的通报》，国家统计局青田调查队报送的《青田县新生代外来工生存状况分析》获三等奖。

2014 年 11 月，青田调查队的洪祖荣同志被评为侨情调查省级先进个人。

2015 年 1 月 16 日，国家统计局浙江调查总队办公室发出浙调办字〔2015〕5 号文件《关于 2014 年度业务考核结果的通报》，国家统计局青田调查队荣获县级调查队统计法规制度工作良好等次、服务业统计调查工作良好等次、专项调查工作良好等次、人事管理工作良好等次。

2016 年 1 月 18 日，国家统计局浙江调查总队办公室发出浙调

办字〔2016〕5 号文件《关于 2015 年度业务考核结果的通报》，国家统计局青田调查队荣获县级调查队综合统计调查工作良好等次、统计法规制度工作良好等次、主要畜禽监测调查工作良好等次、专项调查工作优秀等次、纪检监测工作良好等次。

2016 年 3 月 4 日，国家统计局浙江调查总队发出浙调字〔2016〕15 号文件《关于 2015 年度调查队系统领导干部考核结果及奖励的通报》，国家统计局青田调查队的夏晓珍被确定为优秀等次人员，并受嘉奖奖励。

2017 年 1 月 22 日，国家统计局浙江调查总队办公室发出浙调办字〔2017〕2 号文件《关于统计法治征文评比结果的通报》，国家统计局青田调查队报送的《做好统计宣传 提高统计调查公信力》荣获二等奖。

2017 年 1 月 24 日，国家统计局丽水调查队发出丽调〔2017〕5 号文件《关于 2016 年度统计调查工作考核结果的通报》，国家统计局青田调查队荣获城乡住户一体化调查优秀等次、主要畜禽监测调查优秀等次、规模以下工业调查优秀等次、工业生产者价格调查优秀等次。

2017 年 2 月 13 日，国家统计局浙江调查总队办公室发出浙调办字〔2017〕6 号文件《关于 2016 年度调查队系统优秀分析报告评比结果的通报》，国家统计局青田调查队报送的《民宿发展形势良好，产业链待加强——青田民宿旅游发展情况的调研报告》荣获 2016 年度县级调查队优秀分析报告二等奖。

2017 年 2 月 13 日，国家统计局浙江调查总队办公室发出浙调

办字〔2017〕7 号文件《关于 2016 年度各专业业务工作考核结果的通报》，国家统计局青田调查队荣获党建工作良好等次、综合统计调查工作优秀等次、统计法规制度工作优秀等次、住户调查工作良好等次、主要畜禽监测调查工作良好等次、专项调查工作良好等次、信息化建设和信息安全工作良好等次。

2017 年 2 月 13 日，国家统计局浙江调查总队办公室发出浙调办字〔2017〕8 号文件《关于全省调查队系统 2016 年度工作目标考核结果的通报》，国家统计局青田调查队荣获县级调查队二等奖。

2017 年 6 月，夏晓珍被评为 2016 年度青田县先进生产工作者。

2017 年 12 月 19 日，国家统计局浙江调查总队办公室发出浙调办字〔2017〕57 号文件《关于 2017 年度调查队系统优秀分析报告评比结果的通报》，青田调查队报送的《青田县职业女性二孩生育意愿调查报告》荣获二等奖。

2018 年 1 月 5 日，国家统计局浙江调查总队办公室发出浙调办字〔2018〕2 号文件《关于 2017 年度各专业业务工作考核结果的通报》，国家统计局青田调查队荣获综合统计调查工作优秀等次、统计法规制度工作良好等次、农业统计调查工作良好等次、服务业统计调查工作良好等次、主要畜禽监测商投调查工作良好等次、专项调查工作良好等次、人事管理工作良好等次、财务管理工作优秀等次、系统党建工作良好等次。

2019 年 4 月 2 日，国家统计局浙江调查总队办公室发出浙调办字〔2019〕29 号文件《关于 2018 年度调查队系统优秀分析报告评比结果的通报》，国家统计局青田调查队报送的《SWOT 分析法下探究青田县全域旅游发展》荣获县级调查队优秀分析报告三等奖。

2019年3月11日，国家统计局浙江调查总队发出浙调字〔2019〕52号文件《关于2018年度考核等次及奖励的通报》，国家统计局青田调查队的夏晓珍、黄夏真荣获优秀等次，获嘉奖一次奖励。

2019年9月19日，国家统计局浙江调查总队发出浙调字〔2019〕102号文件《关于表彰全省调查队系统优秀调查员的决定》，青田的陈光妹、卢桂婉两位同志被评为全省调查队系统优秀调查员（全省共72人）。

2020年1月2日，国家统计局浙江调查总队办公室发出浙调办字〔2020〕1号文件《关于2019年度各专业业务工作考核结果的通报》，在18项工作考核中，国家统计局青田调查队财务管理工作荣获优秀等次；办公室政务管理、制度方法、综合统计调查、农业统计调查、农村调查、住户监测类调查、劳动力调查、网络安全和信息化、人事管理、纪检监察等10项工作荣获良好等次。

2020年4月30日，国家统计局浙江调查总队发出浙调字〔2020〕25号文件《关于2019年度考核等次及奖励的通报》，国家统计局青田调查队的夏晓珍、黄夏真荣获优秀等次，夏晓珍获嘉奖一次奖励，黄夏真获记三等功一次奖励。

2021年1月15日，国家统计局浙江调查总队办公室发出浙调办字〔2021〕3号文件《关于2020年度专业业务工作考核结果的通报》，国家统计局青田调查队荣获农村调查、居民收支调查、网络安全和信息化、财务管理优秀等次；住户监测类调查、专项调查、人事管理良好等次。

2021年1月18日，国家统计局浙江调查总队办公室发出浙调办字〔2021〕5号文件《关于全省调查队系统2020年度工作综合考核结果的通报》，国家统计局青田调查队荣获良好等次。

2021年3月12日，国家统计局浙江调查总队发出浙调字〔2021〕17号文件《关于2020年度考核等次及奖励的通报》，国家统计局青田调查队的夏晓珍、洪祖荣荣获优秀等次，夏晓珍获记三等功一次奖励，洪祖荣获嘉奖一次奖励。

2021年7月2日，国家统计局浙江调查总队办公室发出浙调办字〔2021〕35号文件《关于全省国家调查队系统2018—2020年制度方法研究文章评比结果的通报》，国家统计局青田调查队报送的《浅谈住户辅助调查员的管理》和《浅谈网络统计调查及其运用》荣获三等奖。

2021年7月26日，国家统计局浙江调查总队党建工作领导小组办公室发出浙调党建办字〔2021〕17号文件《关于全省国家调查队系统庆祝建党百年系列比赛活动评比结果的通报》，国家统计局青田调查队的夏晓珍同志荣获最美窗花奖、国家统计局青田调查队的《侨乡调查再出征》荣获线上文艺汇演比赛优秀奖。

第二章

人员变化

第一节　调查队人员照片

（以进队时间先后为序）

冯志国

包霞村

郭海光

阮旭平

蓝　一

陈海民

洪祖荣

张晓勇

刘正火

高金华

包小燕

金建军

陈章平

郑 勇

齐旭君

倪福彬

周忠伟

曹旭娥

周群昌

徐向艳

叶建华

洪 泓

夏晓珍

邬荣福

黄夏真

陈项通

叶婷婷

舒光伟

朱津克

王　贵

吴金波

王　晓

尹阔妙

留侠静

陈丽静

张子旺

陈　琛

陈镕懿

叶擎天

涂晓芬

单小龙

舒圆圆

吴子恬

第二节 调查队人员名单

（以进队时间先后为序）

序号	姓 名	性别	出生年月	学历	政治面貌	进队时间	离队时间	从事专业	行政职务	备 注
1	冯志国	男	1937.09	中专	中共党员	1984.09	1990.04		队长（兼）	县统计局长
2	包霞村	男	1938.10	高中	中共党员	1984.09	1992.11		副队长	主持工作
3	郭海光	男	1963.05	党校本科	中共党员	1984.08	1990.04	会计		调统计局
4	阮旭平	男	1966.03	统计大专	中共党员	1984.08	1992.03	住户		出国
5	蓝一	男	1965.02	高中	群众	1984.08	1990.10	农产量 出纳 会计		出国
6	陈海民	男	1963.06	党校本科	中共党员	1984.12	1995.04	农经 会计 文书		调东源镇
7	洪祖荣	男	1962.03	党校本科	群众	1984.12	2022.04	农产量	副队长、队长	县统计局党组副书记
8	张晓勇	男	1959.02	党校本科	中共党员	1986.08	1989.03			借用县统计局
9	刘正火	男	1947.09	大专	中共党员	1988.08	1991.06			借用县统计局
						1992.11	2002.04		副队长	主持工作
10	高金华	男	1962.04	党校本科	中共党员	1988.10	1994.12	住户		调县统计局
11	包小燕	女	1970.03	高中	群众	1989.06	1991.06	住户		临时工
12	金沛森	男	1967.10	大专	群众	1989.08	1991.06			借用统计局，出国

序号	姓名	性别	出生年月	学历	政治面貌				职务	备注
13	金建军	男	1970.12	党校本科	中共党员	1990.08	1993.09			借用县统计局
14	陈章平	男	1965.02	在职本科	中共党员	1991.06	1998.05			借用县统计局
15	郑 勇	男	1975.05	高中	群众	1992.07	1997.12	住户		合同工、出国
16	齐旭君	男	1974.05	党校本科	中共党员	1994.08	2006.06			借用县统计局
17	倪福彬	男	1972.05	党校本科	中共党员	1995.08	2018.12	住户、会计		调县执法局
18	周忠伟	男	1974.02	中专	中共党员	1996.08	2003.08			借用县统计局
						2003.08	2015.05	农产量		辞职
19	曹旭娥	女	1960.10	大专	中共党员	1999.01	2012.10	农经、出纳、文书		退休
20	周群昌	男	1958.02	大学本科	中共党员	2002.09	2007.04		队长（兼）	县统计局长
21	徐向艳	女	1978.10	党校本科	中共党员	2007.12	至今	调查二科	副队长	党组成员 党支部书记 工会主席
22	叶建华	男	1982.12	高中	群众	2008.02	2016.10	驾驶员、住户		临时工
23	洪 泓	女	1988.04	函授本科	群众	2012.08	至今	调查二科		聘用人员
24	夏晓珍	女	1973.12	函授本科	中共党员	2013.12	至今		队长	党组书记
25	邬荣福	男	1986.02	大学本科	群众	2014.07	至今	调查二科	副科长	
26	黄夏真	女	1992.04	大学本科	中共党员	2014.07	2022.12	调查一科	科长	
27	陈项通	男	1992.09	大学本科	中共党员	2015.07	至今			

							住户		聘用人员
28	叶婷婷	女	1994.11	大学	群众	2016.03	2018.07		聘用人员
29	舒光伟	男	1992.11	大学	群众	2017.01	2020.11	农产量	聘用人员
30	朱津克	男	1994.01	大学	群众	2017.04	2020.04	农民工监测、劳动力	聘用人员
31	王 贵	女	1987.11	大学本科	中共党员	2018.09	至今	办公室	主任
32	吴金波	男	1976.12	党校本科	中共党员	2018.10	至今		党组纪检组长
33	王 晓	女	1990.04	大学本科	中共党员	2019.07	至今	办公室	聘用人员
34	尹阔妙	女	1995.11	本科学士	共青团员	2020.03	2020.10	劳动力、农产品中间消耗	聘用人员
35	留侠静	女	1995.07	大学	中共党员	2020.03	2020.10	工价、农民工调查	聘用人员
36	陈丽静	女	1998.09	大学本科	中共党员	2020.11	至今	办公室	聘用人员
37	张子旺	男	1997.08	大学本科	共青团员	2020.11	2022.04	调查一科	聘用人员
38	陈 琛	男	1995.03	大学本科	群众	2020.11	2022.12	调查二科	聘用人员

第三节　调查队领导人员名单

（以任命时间先后为序）

职 务	姓 名	在 职 时 间	备 注
队 长	冯志国	1984.09—1990.04	县统局局长兼
副队长	包霞村	1984.09—1992.11	主持工作
副队长	刘正火	1992.11—2002.04	主持工作
队 长	周群昌	2002.09—2007.04	县统计局长兼
副队长	洪祖荣	2002.04—2007.07	主持工作
队 长	洪祖荣	2007.07—2012.12	2007.08—2012.12 任县统计局党组副书记
队 长	夏晓珍	2013.12 至今	2013.12 至今任党组书记、队长
副队长	徐向艳	2015.10 至今	2013.12 至今任党组成员 2014.06 至今任党支部书记
纪检组长	吴金波	2018.10 至今	2018.10—至今任党组成员

第四节　调查队领导人员简历

（以任命时间先后为序）

从 1984 年 9 月建队至今，担任过青田调查队领导的有 8 位同志。现将他们的简历汇编如下：

冯志国，男，1936 年九月二十五日（公历 11 月 8 日）出生，汉族，籍贯天津市，文化程度中专，1957 年 12 月参加工作，1965 年 8 月加入中国共产党，统计师职称。1957 年 12 月至 1967 年在青田县人委统计科工作；1967 年至 1980 年在青田县计委工作；1980 年至 1984 年任青田县统计局副局长；1984 年至 1990 年 4 月任青田县统计局局长；1984 年 9 月至 1990 年 4 月兼任青田县农村抽样调查队、农调队队长；1990 年 4 月至 1997 年 9 月任青田县统计局正科级调研员；1997 年 10 月退休；2021 年 4 月 4 日逝世。

包霞村，男，1937 年十月二日（公历 11 月 4 日）出生，汉族，籍贯浙江青田，文化程度高中，1955 年 8 月参加工作，1982 年 8 月加入中国共产党。曾先后担任东江公社文书、东江公社革委会副主任。1983 年 2 月任芝溪公社管理委员会主任。1983 年 11 月任船寮乡乡长。1984 年 9 月至 1989 年 4 月任青田县农村抽样调查队副队长，主持工作。1989 年 4 月至 1992 年 11 月任青田县农村经济社会调查队副队长，主持工作。1988 年 7 月至 1994 年 11 月任青田县统计局副局长，1991 年 5 月至 1994 年 11 月任中共青田县统计局党组成员，

1992 年 5 月至 1994 年 11 月任青田县统计局党支部书记。1994 年 11 月 15 日逝世。

刘正火，男，1947 年 9 月出生，汉族，籍贯浙江青田，1967 年 6 月青田中学高中毕业，2000 年 12 月获浙江大学行政管理《专业证书》，1970 年 10 月参加工作，1985 年 5 月加入中国共产党。1970 年 10 月至 12 月在青田县中教师训班学习，1971 年 1 月至 1974 年 10 月在海口公社中心学校任教，1974 年 10 月至 1975 年 8 月任中共青田县委办公室秘书，1975 年 8 月至 1988 年 8 月先后在海口公社中心学校、大路公社中心学校、高市公社中心学校、北山区校任教，曾任区校教导主任、副校长、校长。1988 年 8 月调青田县农调队借用到县统计局工作，曾任办公室主任、中共青田县统计局党组成员、党支部副书记、党支部书记等职。1991 年 6 月，正式调到青田县统计局工作。1992 年 11 月至 2002 年 4 月任青田县农调队副队长，主持工作。2003 年 12 月任主任科员。2007 年 10 月退休。

洪祖荣，男，1962 年 3 月 28 日出生，汉族，籍贯浙江青田，在职大学学历，1979 年 9 月参加工作，1990 年 4 月加入中国共产党党员。1979 年 9 月至 1983 年 4 月青田县芝溪乡陈山小学教师。1983 年 4 月至 1984 年 12 月青田县城建局村镇规划股工作。1984 年 12 月至 2022 年 3 月青田县农调队，国家统计局青田调查队工作。1991 年 9 月任青田县统计局纪检员（正股级），1994 年 11 月聘任青田县农调队统计师职务，1996 年 4 月任青田县第一次全国农业普查办公室副主任，2000 年 5 月任青田县农调队队长助理，2001 年 11 月任中共青田县统计局党组成员，2002 年 4 月任青田县农调队副队长，2005 年 12 月任青田县第二次农业普查办公室主任，2006 年

12月考评为高级统计师任职资格，2007年6月至2012年12月任国家统计局青田调查队队长，2007年8月至2012年11月任中共青田县统计局党组副书记，2022年3月一级主任科员退休。获奖情况：1992年4月评为丽水地区先进统计工作者，1993年8月被国家统计局授予全国农村社会经济调查先进工作者称号，1997年10月被中国统计干部学院评为优秀毕业学员，1998年5月被国家统计局授予全国农村调查工作先进工作者称号，1998年12月被全国农业普查办公室评为国家级先进个人，2004年10月被国家统计局授予全国农村统计调查系统先进个人称号，2015年8月被省侨情调查办公室评为省级先进个人。

周群昌，男，1957年2月出生，汉族，籍贯浙江缙云，学历浙江林学院本科毕业，西工大博士课程班结业，1983年8月参加工作，1986年6月加入中国共产党。1979年9月至1983年8月在浙江林学院经济林系经济林专业学习；1983年8月至1986年12月任青田县林业局区划办公室主任；1986年12月至1990年4月任青田县石门洞林场场长；1990年4月至1994年3月任青田县林业局林业技术推广中心主任；1994年3月至1998年5月任青田县祯埠乡党委书记；1998年5月至2001年10月青田县科委副主任（正局级）；2001年10月至2002年7月任青田县统计局局长、党组书记；1999年8月至2001年12月在中央党校函授学院法律专业学习；2001年9月至2002年6月在西北工业大学管理科学与工程学科学士研究班课程学习结业；2002年7月至2007年4月任青田县统计局局长、党组书记、农调队队长；2007年4月至2012年3月任青田县科学技术局局长、党组书记；2012年3月至2013年3月任中共青田县委正科级组织员、青田县科学技术局党组成员；2013 年 3 月至 2018 年 2 月任青田县科学技术局主任科员。2018 年 2 月退休。

夏晓珍，女，1973 年 12 月出生，汉族，籍贯浙江青田，学历大学，1995 年 8 月参加工作，1998 年 6 月加入中国共产党。1993 年 9 月至 1995 年 7 月在四川统计学校统计专业学习；1995 年 8 月至 1997 年 12 月任青田县山口镇统计员；1996 年 4 月至 2000 年 12 月在浙江省高等教育自学考试浙江财经大学会计基础科专业专科学习；1997 年 12 月至 2000 年 4 月任青田县山口镇团委副书记、组织干事、统计员；2000 年 4 月至 2001 年 11 月任青田县山口镇团委书记；2001 年 9 月至 2004 年 7 月在浙江大学远程教育学院公共事业管理专业本科学习；2001 年 11 月至 2002 年 1 月为仁庄镇副镇长候选人；2002 年 1 月至 2006 年 8 月任青田县仁庄镇副镇长；2006 年 8 月至 2007 年 5 月任青田县统计局纪检组长；2007 年 5 月至 2013 年 12 月任青田县统计局副局长、党组成员；2013 年 12 月至 2021 年 5 月任中共国家统计局青田调查队党组书记、国家统计局青田调查队队长；2021 年 5 月至今任中共国家统计局青田调查队党组书记、国家统计局青田调查队队长、四级调研员。曾被评为 2015 年度、2018 年度、2019 年度、2020 年度优秀公务员、2016 年度县级先进工作（生产）者，2018 年至 2020 年因连续三年工作表现突出，被记三等功。

徐向艳，女，1978 年 10 月出生，汉族，籍贯浙江青田，党校本科学历，1997 年 10 月参加工作，2000 年 10 月加入中国共产党，中级统计师职称。1997 年 10 月至 2001 年 2 月在海溪乡政府工作，任团委副书记。2001 年 3 月至 2005 年 2 月在东源镇工作，任计生办主任。2005 年 3 月至 2007 年 11 月借用到青田县统计局工作，先后从事经济普查、1% 人口调查、第二次全国农业普查等工作。2007 年 12 月经国家统计局浙江调查总队批准调到国家统计局青田调查队工作。2010 年 5 月任调查二科科长。2014 年 1 月至今任国家统计局青田调查队党组成员。2014 年 6 月至今任国家统计局青田调查队党支部书记。2015 年 10 月至今任国家统计局青田调查队副队长。

吴金波，男，1976 年 12 月出生，汉族，籍贯浙江青田，学历党校本科，2000 年 9 月参加工作，2002 年 7 月加入中国共产党。1997 年 9 月至 2000 年 6 月在浙江林学院资源与环境系读书；2000 年 9 月至 2003 年 7 月任青田县高市乡人民政府林技站林技员；2003 年 7 月至 2004 年 1 月任青田县高市乡人民政府城建办主任；2004 年 1 月至 2005 年 5 月任青田县高市乡人民政府城建办主任、党政办副主任；2005 年 5 月至 2006 年 8 月任青田县高市乡人民政府党政办主任、城建办主任；2006 年 8 月至 2010 年 3 月任岭根乡人民政府组织委员；2010 年 3 月至 2013 年 7 月任中共岭根乡党委副书记、纪委书记；2013 年 7 月至 2015 年 1 月任中共北山镇党委副书记；2015 年 1 月至 2015 年 4 月任中共章旦乡党委副书记；2015 年 4 月至 2018 年 10 月任中共章旦乡党委副书记、章旦乡乡长；2018 年 10 月至今任国家统计局青田调查队纪检组长。

第五节
部分人员简历

    青田调查队虽是一个只有 8 个编制的小单位，在 38 年中，除了担任调查队领导的 8 人外，从一般人员中走出 7 个副科级以上的行政领导干部（包括调出本队升职的、借用县统计局升职的人员），其中正处级 1 人、副处级 3 人、正科级 1 人、副科级 2 人。

    这 7 人走上行政领导岗位的途径虽然不同，但都与机遇的到来和他们的真才实学不无关系。改革开放后，我国的人事、干部制度改革不断迈出新的步伐，《国家公务员暂行条例》《党政领导干部选拔任用工作暂行条例》的相继出台，创造了人才成长的优良环境，冲破了行政、事业编制的条条框框，形成了"不拘一格选人才"的机制，按照革命化、年轻化、知识化、专业化的要求，使大批年轻干部走上了领导岗位。1994 年 10 月，青田县委组织部开展副局级领导干部的"双推双考"，这一人事制度的重大改革，为青田调查队人员提供了展示才华的平台，也为他们走上领导岗位开辟了一条快车道。高金华、陈海民、陈章平三人就是通过这一途径逐步走上领导岗位的。

    现将这 7 人的简历汇编如下：

郭海光，男，1963年5月出生，籍贯浙江青田，学历全日制教育中专毕业，在职教育中央党校行政管理专业毕业，1984年8月参加工作，1990年4月加入中国共产党。他是从青田调查队员走上行政领导岗位的第一人，也是升职为正处级领导干部的唯一一人。1982年9月至1984年7月在金华供销学校财务会计专业学习；1984年8月分配到青田县农村抽样调查队工作，任会计；1990年4月调县统计局任会计；1990年8月至1994年3月任青田县委办公室秘书、信息科长；1994年3月至1998年4月任青田县委办公室副主任；1998年4月至1999年5月任中共青田县山口镇党委副书记、镇长；1999年5月至2001年11月任中共青田县山口镇党委书记；2000年1月至2003年6月参加在职中央党校行政管理专业学习；2001年11月至2003年1月任青田县交通局局长；2003年1月至2005年2月任青田县委办公室主任，其间2003年12月至2005年2月任青田县滩坑水电站建设指挥部副总指挥、库区移民工作协调组常务副组长；2005年2月至2006年10月任景宁畲族自治县人民政府副县长；2006年10月至2008年12月任中共景宁畲族自治县委常委、副县长；2008年12月至2009年1月任中共景宁畲族自治县委常委、副县长（常务）；2009年1月至2011年11月任中共景宁畲族自治县委常委、副县长（常务）、景宁民族工业园党工委书记、管委会主任、兼丽水经济开发区管委会副主任；2011年11月至2012年2月任丽水市人民政府副秘书长；2012年2月至2013年11月任丽水市人民政府副秘书长（兼）、丽水市千峡湖开发建设管理委员会主任、党组书记；2013年11月至2014年3月任丽水市人民政府副秘书长（兼）；2014年3月至2015年7月任丽水市安全生产监督管理局局长、党组书记；2015 年 7 月—8 月任丽水市体育局党组书记；2015 年 8 月—11 月丽水市体育局保留正处级；2015 年 11 月至 2017 年 9 月任丽水市人民防空办公室副主任（保留正处级）、党组成员、丽水市民防局副局长；2017 年 9 月至 2019 年 1 月任丽水市住房和城乡建设局副局长、中共丽水市住房和城乡建设局（城乡规划局）党组副书记（保留正处级）；2019 年 1 月至 9 月任丽水市归国华侨联合会党组书记、主席；2019 年 9 月至 2021 年 11 月任丽水市归国华侨联合会、丽水市政协港澳台侨和外事委（兼）党组书记、主席、副主任（兼）；2019 年 12 月至 2022 年 12 月任丽水市归国华侨联合会一级调研员；2022 年 5 月至 2023 年 5 月任丽水市归国华侨联合会二级巡视员。2001 年 2 月经中共浙江省委批准荣获省级优秀共产党员称号；2004 年 2 月经中共浙江省委批准荣获浙江省求真务实"十大代表"称号；2018 年 2 月经丽水市人民政府批准荣获二等功。

高金华，男，1962 年 4 月出生，汉族，籍贯浙江嵊州，全日制大专浙江林学院林学系林业专业毕业，在职中央党校党政管理专业毕业，1981 年 8 月参加工作，1992 年 12 月加入中国共产党。其祖父在 1948 年被国民党杀害，他是革命烈士的后代。1981 年 8 月至 1988 年 10 月在浙江林校任教，1988 年 10 月调到青田农调队工作，负责农村住户调查工作。1994 年 10 月参加副局级领导干部的"双推双考"，他报考的是青田县统计局副局长，经过笔试、面试考察，1994 年 12 月，被县政府任命为青田县统计局副局长。1997 年 2 月至 1998 年 4 月任青田县体制改革委员会副主任；1998 年 4 月至 2001 年 11 月任青田县计委主任、党组书记（兼体制改革委员会副主任）；2001年11月至2005年9月任青田县建设局局长、党组书记（2005年2月至9月兼任滩坑水电站工程指挥部指挥）；2005年9月至2007年4月任青田县温溪镇党委书记、青田经济开发区管委会主任；2007年4月至2010年1月任青田县政府党组成员、县府办主任、县府办党组书记等职；2010年1月至2022年4月任青田县人大常委会副主任、党组成员、二级调研员等职。2022年5月退休。

　　陈海民，男，1963年6月出生，汉族，籍贯浙江青田，学历大学本科。1983年4月参加工作，1990年4月加入中国共产党，现任中共青田县委常委、青田县人民政府党组成员、县委二级调研员。1983年4月至1984年12月在青田县基本建设局工作；1984年12月至1995年4月在青田县农村抽样调查队（后改名青田县农村社会经济调查队）工作，先后担任住户调查、文书、农经调查、会计等工作；1995年4月至12月任中共青田县委驻东源镇副科级组织员、东源镇组织委员；1995年12月至1998年4月任中共青田县季宅乡党委副书记、乡长；1998年4月至1999年1月任中共青田县季宅乡党委书记、乡长；1999年1月至7月任中共青田县季宅乡党委书记、人大主席；1999年7月至2001年11月任中共青田县汤垟乡党委书记、人大主席；2001年11月至2003年5月任中共青田县委办公室副主任（正科级）；2003年5月至2005年3月任青田县扶贫老区小康办公室主任、滩坑库区白岩移民工作一片片长；2005年3月至2006年5月任青田县纪委副书记、监察局局长、滩坑库区移民工作协调组副组长兼白岩移民一片片长；2006年6月至2009年1月任中共鹤城镇党委书记、滩坑移民温溪城中花园安置区服务队长；2009年1月至3月任中共青田县人民政府党组成员、副县长兼鹤城镇党委书记；2009 年 3 月至 2019 年 11 月任中共青田县人民政府党组成员、副县长兼滩坑水电站工程指挥部总指挥；2019 年 11 月至 2020 年 5 月任中共青田县人民政府党组成员、副县长、三级调研员；2020 年 5 月至 6 月任中共青田县委常委、青田县人民政府党组成员、县委三级调研员；2020 年 6 月至 2021 年 8 月任中共青田县委常委、青田县人民政府党组成员、县委三级调研员；2021 年 8 月至今任中共青田县委常委、青田县人民政府党组成员、县委二级调研员。

张晓勇，男，1959 年 2 月出生，汉族，籍贯山东博兴，学历大学专科，1975 年 5 月参加工作，1981 年 10 月加入中国共产党。1975 年 5 月至 1976 年 12 月在缙云机械厂当工人；1976 年 12 月至 1982 年 1 月在 39831 部队 98 分队服役，其间：1978 年 12 月至 1979 年 7 月在广西 39998 部队 54 分队参加对越自卫反击战，1981 年 6 月至 10 月北京 86237 部队 110 分队参加阅兵仪式；1982 年 2 月至 1986 年 8 月在云和县邮电局工作，曾任团总支书记；1986 年 8 月调到青田县农村抽样调查队，借用到青田县统计局工作，负责计算机业务；1989 年 3 月正式调到青田县统计局工作，先后担任工业、综合统计；1997 年 3 月任青田县统计局副主任科员；1998 年 8 月任中共青田县统计局党组成员；1999 年 12 月任青田县统计局副局长；2001 年 9 月调丽水市统计局任办公室主任；2008 年 8 月至 2012 年 4 月任中共丽水市统计局党组成员、国家统计局丽水调查队副队长；2012 年 8 月至 2014 年 10 月任中共丽水市统计局 国家统计局丽水调查队党组成员、国家统计局丽水调查队副队长；2014 年 10 月至 2019 年 3 月任中共国家统计局丽水调查队党组成员、国家统计局丽水调查队副队长，2018 年 4 月主持队工作；2019 年 3 月退休。

陈章平，男，1965年2月出生，汉族，籍贯浙江青田，学历在职本科，1985年9月参加工作，1990年12月加入中国共产党。1985年9月至1991年6月在青田县船寮区公所任统计干部、团委副书记；1991年6月调青田县农调队借用到青田县统计局工作，任农村统计股股长、法制办主任、综合统计股股长；1998年5月调青田县社保局任办公室主任；1998年8月任青田县社保局副局长、党支部书记；2001年11月任青田县统计局副局长，党组成员；2005年1月至2011年9月先后担任中共腊口镇党委副书记、镇长、党委书记等职；2011年9月任中共青田县水电局党组书记、局长；2015年12月至今任青田县政协副秘书长、办公室主任。

金建军，男，1970年12月出生，汉族，籍贯浙江青田，学历大学本科，1990年8月参加工作，1998年5月加入中国共产党。1990年8月从丽水工业学校毕业，分配到青田县农调队，借用到青田县统计局工作，担任会计。1993年9月正式调到青田县统计局工作。2002年8月任青田县统计局办公室主任。2006年8月任海口镇宣传委员。2011年10月任青田县统计局纪检组长。2016年1月至今任青田县统计局副局长。

齐旭君，男，1974年5月出生，汉族，籍贯浙江青田，大学本科学历，1994年8月参加工作，1998年12月加入中国共产党，统计师职称。1994年8月从四川统计学校经济统计专业毕业，分配到青田县农调队，借用到青田县统计局工作，负责文书、出纳、计算机管理；1997年12月任青田县统计局计算机站副站长；2002年8月起任工商投资科科长，负责工业统计；2004年12月负责综合统计；2006年6月调丽水市经济开发区经济发展局工作；2007年11月任统计科科长；2009 年 9 月任副主任科员；2013 年 1 月任丽水经济开发区投资服务中心（挂开发区招商中心牌子）副主任、副主任科员；2014 年 8 月任丽水开发区投资创业服务中心副主任、副主任科员；2017 年 5 月任丽水生态集聚区经济发展局副局长（副主任）；2019 年 10 月任丽水生态集聚区发展和改革局副局长（副主任）；2019 年 12 月任丽水生态集聚区发展和改革局副局长（副主任）、二级主任科员；2022 年 9 月任丽水经济技术开发区管委会一级主任科员。

第三章

调查专业

统计调查分为全面调查和非全面调查。全面调查是对调查对象的所有单位进行调查的调查方式，各种普查和多数定期统计报表都属于全面调查。非全面调查是指只对总体中的一部分单位进行登记或观察的调查方式，而非全面调查又包括抽样调查、重点调查、典型调查三种。抽样调查是从全部调查研究对象中，抽选一部分单位进行调查，并据以对全部调查研究对象作出估计和推断的一种调查方法，具有灵活简便、省时、省力、省费用的优点，资料的时效性强，数据可以推算总体总量，起到全面调查的作用。抽样调查又分为随机抽样和非随机抽样。随机抽样包括简单随机抽样、系统抽样、分层抽样、整体抽样、多阶段抽样、等距抽样、双重抽样、按规模大小成比例的概率抽样、任意抽样等9种；非随机抽样包括重点抽样、典型抽样、配额抽样、非概率抽样等4种。抽样调查的实施，分为三大步骤：一是调查样本的抽取，要控制好以下几个环节，根据调查内容的不同，选择抽样调查的方法、建立抽样框、计算概率、控制误差、确定样本量、选取样本，配备、培训调查员，落实记账户；二是对样本的调查，根据调查内容的需要，确定调查方法，遵照调查的规定程序，如实填报，保证调查数据的真实有效；三是控制调查数据的质量，确保数据准确，及时汇总上报。

抽样调查具有要求严格、方法科学、数据准确、反映及时的特点。抽样调查工作受《中华人民共和国统计法》的保障，独立行使统计调查、统计报告、统计监督的职权，不受侵犯。抽样调查资料，按照国家制度规定，按期如实上报，任何人不得修改。

第一节
住户（住户收支与生活状况）抽样调查

（从 1985 年开始调查）

一、总说明

（一）调查目的

为全面、准确、及时了解全国和各地区城乡居民收入、消费及其他生活状况，客观监测居民收入分配格局和不同收入层次居民的生活质量，更好地满足研究制定城乡统筹政策和民生政策的需要，为国民经济核算和居民消费价格指数权重制定提供基础数据，依照《中华人民共和国统计法》规定，开展住户收支与生活状况调查（以下简称住户调查）。

（二）调查对象

住户调查对象为中华人民共和国境内的住户，既包括城镇住户，也包括农村住户；既包括以家庭形式居住的户，也包括以集体形式居住的户。无论户口性质和户口登记地，中国公民均以住户为单位，在常住地参加本调查。

（三）调查组织

住户调查由两部分组成。一是分省住户调查，以省、自治区、直辖市（以下简称省）为总体进行抽样，主要目的是准确反映全国及分省居民收支水平、结构、增长速度，收入分配格局以及政策对居民生活状况的影响。二是分市县住户调查，以市、地、州、盟（以下简称市）及以县、区、县级市、旗（以下简称县）为总体进行抽样，主要目的是准确反映分市县居民收支水平和增长速度，满足政府对市县管理的需要。

国家统计局统一领导住户调查，负责制定调查方案，组织调查实施，监督调查过程，审核、处理、汇总调查数据，发布全国和分省城乡居民收入、消费和生活状况数据。

国家统计局各调查总队按照本方案规定，负责组织分省住户调查工作，并按照《国家统计局关于加强和改进分市县住户调查工作的通知》（国统字〔2011〕110号）、《国家统计局关于进一步规范分市县住户调查有关事项的通知》（国统字〔2016〕181号）和本方案的要求，牵头负责本地区分市县住户调查工作，省级统计局要积极配合做好调查制度布置以及数据发布等相关工作。如果在开展分市县住户调查时，不使用国家统计局制定的住户调查方案或有变更样本量的情况，调查总队应制定分市县住户调查方案上报国家统计局审批。

各级统计调查部门应按照本方案规定，认真组织实施调查，确保调查数据质量。

（四）调查内容

分省住户调查内容主要包括居民现金和实物收支情况、住户成员及劳动力从业情况、居民家庭食品和能源消费情况、住房和耐用消费品拥有情况、家庭经营和生产投资情况、社区基本情况以及其他民生状况等。具体内容由本方案的记账项目、问卷项目和汇总指标共同规定。

分市县住户调查中的可支配收入和消费支出汇总指标的名称、分类标准、计算方法必须与本方案规定一致，其他记账项目、问卷项目、汇总指标在不影响收支汇总指标的情况下可适当简化，但必须与汇总指标体系的分类标准保持一致。

（五）样本抽选

样本抽选包括抽样方法设计、县级调查网点代表性评估、调查小区抽选以及摸底调查、调查住宅抽选、调查户落实等现场抽样工作。

分省住户调查的抽样方法由国家统计局制定。样本量按满足以下代表性需求的标准确定：在95%的置信度下，分省居民及分省分城乡居民人均可支配收入、消费支出以及主要收入项和消费项的抽样误差控制在3%以内（个别人口较少的省在5%以内）。由此汇总生成的全国居民及全国分城乡居民人均可支配收入和消费支出抽样误差控制在1%以内，主要收入项和消费项的抽样误差控制在3%以内。国家统计局使用统一的抽样框，以省为总体，在对县级调查网点代表性进行评估的基础上，采用分层、多阶段随机抽样方法抽选调查住宅，确定调查户。县级调查网点和抽中调查小区原则上五年内保持不变，样本住户应在五年周期内适时轮换。现场抽样工作由各调查总队统一组织。调查小区的变动需经国家统计局批准；调查户的变动需经调查总队批准，并报国家统计局备案。

国家统计局组织各调查总队统一开展分市县住户调查样本的抽选工作，即按照国家规定的抽样框和抽样方法，在分省住户调查样本的基础上，补充抽选提高分市县代表性的扩充样本，共同组成分市县住户调查样本。分市县住户调查的样本规模由各调查总队确定。当城镇（农村）样本量不足 50 户时，不得公开发布城镇（农村）居民收支数据。特殊情况，应报国家统计局批准。分市县调查小区 [] 的变动需经调查总队批准；调查户的变动需报调查总队备案。

（六）数据采集

数据采集包括现场调查、数据录入和初步审核。

住户调查采用日记账和问卷调查相结合的方式采集基础数据。其中，居民现金收入与支出、实物收入与支出等内容主要使用记账方式采集。住户成员及劳动力从业情况、住房和耐用消费品拥有情况、家庭经营和生产投资情况、社区基本情况及其他民生状况等资料使用问卷调查方式采集。为了高调查配合度，减轻调查负担、增强抗干扰能力、改进调查效率，国家统计局将启动建设住户调查应用系统，改进抽样方案并组织实施新周期调查网点轮换工作，在新周期住户调查样本中推广使用电子化数据采集方式。

住户调查数据采集工作，在已设立国家调查队的县及县级市，由县级国家调查队负责，在未设立国家调查队的县及县级市，由县级统计局（地方调查队）负责；在地级市的市辖区，分省样本由市级国家调查队负责，市县级国家调查队和县级统计局按照住户调查制度的时限要求，将审核完成的原始数据，通过安全途径直接上报调查总队。

调查基础数据包括样本信息、调查户记账数据和问卷调查数据。由市县调查统计机构负责对记账数据进行编码，采用国家统计局编制下发的数据处理程序录入调查基础数据。有条件的地方可使用基于网络的数据采集平台，包括调查户网上记账、单机记账和调查员手持电子终端采集数据。市、县调查统计机构对录入的数据进行初步审核。

（七）数据上报

分省调查样本的基础数据由各调查市、县直接上报各调查总队，经调查总队审核、通过国家统计局内网邮箱上报国家统计局住户调查办公室。上报时间详见本方案的报表目录。周六、日仍按期报送；遇到其他法定节假日，按国家统计局的相关规定上报。上报格式必须与国家统计局编制下发的数据处理程序规定的格式一致。

分市县调查中的扩充样本由调查市、县上报调查总队。上报时间和方式由分市县住户调查实施方案规定。

有条件的地方可网上直报，多级共享。

（八）数据处理

数据处理包括数据审核、加权、汇总和评估。

分省住户调查样本和国家调查县所有样本的基础数据由各调查总队直接审核，汇总后提供给省级统计局。分市县调查中的其他扩充样本的基础数据由调查总队负责审核。

全国、省、市、县各级汇总结果根据分户基础数据、采用加权汇总方式生成。各级汇总权数由国家统计局统一制定。国家统计局根据分省调查样本数据和相应权数汇总生成全国和分省数据。各调查总队根据分市县调查样本数据和相应权数汇总生成分市县数据。

国家统计局对分省调查结果进行审核评估，分市县住户调查汇总数据评估由调查总队负责完成。

（九）数据发布

分省住户调查结果数据按年度和季度发布，各地不得自行增加发布频率。分市县住户调查结果数据可适当降低发布频率。季度主要发布居民收支数据，其余数据按年度发布。

全国和分省数据由国家统计局发布。调查总队发布分市县数据的时间不得早于国家统计局发布全国和分省数据的时间。调查总队应将调查主要汇总结果及时提供省级统计局和政府有关部门。

按自上而下的顺序依次发布国家、省、市、县数据。发布分市县居民可支配收入和消费支出时，只发布合计数及其一级分类指标。

（十）数据质量控制

住户调查实行全过程质量控制。国家统计局建立全过程质量控制制度，规范方案设计，科学抽选样本，认真组织培训，严格流程管理，加强监督检查。每个季度随机抽取 6000 个调查户进行电话回访，对调查样本代表性进行评估和校准，对基础数据进行审核分析，对各地住户调查专业工作的各个环节进行量化考核。各级调查统计部门要加强调查基础工作，加强对调查过程的各个环节监督、检查和验收，及时、独立上报数据。

（十一）其他

本方案实行全国统一的统计分类标准和编码，各级调查统计部门必须严格执行。

本方案自 2019 年 12 月 1 日开始执行。

本方案由国家统计局负责解释。

二、住户问卷调查 A 卷填报说明

（一）填报对象及要求

问卷A由所有样本住户填报,供开户调查和季度调查使用。其中:

A1 住户成员基本情况：调查所有住户成员。包括经常在本住户居住或者与本住户共享收入的人员。不包括寄宿者。

A2 劳动力从业情况：调查 16 岁及以上非在校学生住户成员。

在季度调查中，调查员事先打印出上个季度的 A1 表信息，入户后首先核实变化情况，更新 A1 表的内容。其中，问题 A115–A118 用于判断住户成员是否为常住成员，由于常住成员的状态在季度之间可能会有变化，季度更新时调查员要特别注意与住户核实这些问题。A2 表在季末进行调查，由 16 岁及以上非在校学生住户成员填报基本从业信息。

（二）住户成员

住户成员是指居住在一个住宅内，所有与本住户分享生活开支或收入的人员。

还包括：

①由本住户供养的在外学生（含大中专学生和研究生）；②未分家的农村外出从业人员和随迁家属，无论其外出时间长短；③轮流居住的老人；④因探亲访友、旅游、住医院、培训或出差等原因临时外出的人员。

不包括：

①寄宿者、住家保姆和帮工；②已分家的子女、出嫁人员、挂靠人员；③本住户不再供养的在外学生（含大中专学生和研究生）；

④调查时点已应征入伍者；⑤调查时点的劳教劳改人员。

所有住户成员都是本问卷的调查对象。

（三）住户成员的编码

对住户成员进行编码时，应将户主填为第一人，填在第"1"列；如果户主的配偶也在本住户登记，应登记为第二人，填在第"2"列；然后再登记本住户的其他成员。其他成员填写原则为：先填成人，再填儿童；先填劳动力，再填非劳动力。每个住户成员的编号一经确定，不得更改，在调查期内始终保持一致。

在调查期内退出调查的住户成员，其成员代码保留但不再调查，新进入调查的住户成员在原来成员代码的基础上顺序增加。例如，某户一季度原有4个住户成员，成员代码分别为1、2、3、4，第二季度时第3个住户成员应征入伍搬出住户，同时本住户有新生儿出生，第3个人的代码仍然保留，新生儿代码编为5。

*特例：表中只有7列，编号为1—7。如果住户成员超过7人，请调查员续填一张"住户成员及劳动力从业情况调查问卷（续）"，但不用再填一张A卷封面，直接将续表订在调查问卷的后面。

（四）注意事项

1. 每张表的调查内容有不同的调查对象。在每张调查表开始调查之前，调查员要认真阅读表头，清晰界定调查对象，将符合条件的成员姓名及成员代码填入相应栏目，然后再进行调查。

2. 先按表再按人进行调查，即逐个回答某个表中所有符合条件的人的相关问题后，再对下一表进行调查。

3. 填写年月信息时，年份按四位填写，月份按两位填写。如出生年月为1986年8月，则年份填写"1986"，月份填写"08"。

4. 问卷中以月计数的从业时间保留一位小数。每 3 天折合 0.1 个月。连续从业的人员，法定的节假日也算劳动时间；间断从业人员，按实际从业天数计算。

5. 对于 A109 的填写，要求已完成户籍制度改革的地区，按改革前的户口性质填写。

6. 对于 A122 身高和 A123 体重应由调查员使用相应测量工具测量后填写，对于入户调查时临时外出的家庭常住成员，请家庭主要被访者联系该成员，据实填报。身高和体重指标仅在年末采集，季度无需更新。

三、住户问卷调查 B 卷填报说明

（一）填报对象

问卷 B 由所有样本住户填报，供开户调查（更换样本时）和年末调查使用。

B1 住房基本情况：调查住户的现住房和拥有其他房屋的基本情况，包括水、电、取暖等与居住相关的基础设施和使用情况。第一部分所有住户均须填答；第二部分至第五部分仅由家庭居住户（不含住家保姆和住家家庭帮工）填答。

B2 耐用消费品拥有情况：调查住户的耐用消费品拥有情况。所有住户均须填答。

补充资料 1：调查住户的期末存粮情况。所有住户均须填答。

补充资料 2：调查住户现住房的安全和卫生状况。所有住户均须填答。

补充资料 3：调查住户拥有企业经营情况。所有住户均须填答。

（二）注意事项

1. 本问卷以住户为单位进行填报。开户时调查和每年末更新信息。更新时使用一份新问卷，但仅记录信息变动的情况。

2. 对每个抽中户使用一份问卷。住家保姆、住家家庭帮工和集体居住的人员只需填答 B1 "住房基本情况" 的第一部分以及 B2 "耐用消费品拥有情况"。

3. 本问卷中单位为 "万元" 的问题要求保留一位小数。除此之外，金额、面积等一律四舍五入取整数。B2 "耐用消费品拥有情况" 中若有几户共同拥有的情况，数量可能出现一位小数。

4. B1 "住房基本情况" 针对的是住户。同一住宅内的不同住户对相同问题可能有不同回答。如 B104 "房屋来源"，对房东而言可能是 "自购商品房"，但对承租户来说就是 "租赁私房"。

5. 自有现住房的建筑面积不包括用于出租和其他经营活动的面积。如自建单栋住房总建筑面积为 300 平方米，其中 200 平方米用于出租，则 B105 "期末现住房建筑面积" 为 300-200=100 平方米。

对于有住家保姆的家庭居住户，则建筑面积仍填写用于居住的总建筑面积；但住家保姆要在自己的问卷上填写单独居住房间的建筑面积或分享居住空间的建筑面积（如与被看护对象共同居住需折算）。

6. 如果自有现住房与出租住房在同一单栋住宅内，则自有现住房的市场价估计值和同类住房的市场价月租金应该按自有现住房建筑面积占住宅总面积的比例折算。假设本住宅市场价估计值总额为 60 万元，则 B118 "自有现住房市场价估计值" 为 20 万元。相应地，第二部分 "自有现住房情况" 模块中与金额相关的指标也要按自有现住房建筑面积所占比例折算。

7. 耐用消费品拥有情况指的是本住宅内拥有所有权或支配权的耐用消费品，闲置未损坏的耐用消费品也包括在内。以家庭形式居住的承租户拥有使用权的耐用消费品也视同为拥有支配权。但住家保姆、住家家庭帮工、集体居住户仅拥有使用权的耐用消费品不属于填报内容。如住家保姆仅需填写自己拥有所有权的耐用消费品，其他拥有使用权的耐用消费品数量填"0"。

（三）样本抽选

样本抽选包括抽样方法设计、县级调查网点代表性评估、调查小区抽选以及摸底调查、调查住宅抽选、调查户落实等现场抽样工作。

分省住户调查的抽样方法由国家统计局制定。样本量按满足以下代表性需求的标准确定：在95%的置信度下，分省居民及分省分城乡居民人均可支配收入、消费支出以及主要收入项和消费项的抽样误差控制在3%以内（个别人口较少的省在5%以内）。由此汇总生成的全国居民及全国分城乡居民人均可支配收入和消费支出抽样误差控制在1%以内，主要收入项和消费项的抽样误差控制在3%以内。国家统计局使用统一的抽样框，以省为总体，在对县级调查网点代表性进行评估的基础上，采用分层、多阶段随机抽样方法抽选调查住宅，确定调查户。县级调查网点和抽中调查小区原则上五年内保持不变，样本住户应在五年周期内适时轮换。现场抽样工作由各调查总队统一组织。调查小区的变动需经国家统计局批准；调查户的变动需经调查总队批准，并报国家统计局备案。

国家统计局组织各调查总队统一开展分市县住户调查样本的抽

选工作，即按照国家规定的抽样框和抽样方法，在分省住户调查样本的基础上，补充抽选提高分市县代表性的扩充样本，共同组成分市县住户调查样本。分市县住户调查的样本规模由各调查总队确定。当城镇（农村）样本量不足 50 户时，不得公开发布城镇（农村）居民收支数据。特殊情况，应报国家统计局批准。分市县调查小区的变动需经调查总队批准；调查户的变动需报调查总队备案。

（四）数据采集

数据采集包括现场调查、数据录入和初步审核。

住户调查采用日记账和问卷调查相结合的方式采集基础数据。其中，居民现金收入与支出、实物收入与支出等内容主要使用记账方式采集。住户成员及劳动力从业情况、住房和耐用消费品拥有情况、家庭经营和生产投资情况、社区基本情况及其他民生状况等资料使用问卷调查方式采集。为了提高调查配合度，减轻调查负担、增强抗干扰能力、改进调查效率，国家统计局将启动建设住户调查应用系统，改进抽样方案并组织实施新周期调查网点轮换工作，在新周期住户调查样本中推广使用电子化数据采集方式。

住户调查数据采集工作，在已设立国家调查队的县及县级市，由县级国家调查队负责，在未设立国家调查队的县及县级市，由县级统计局（地方调查队）负责；在地级市的市辖区，分省样本由市级国家调查队负责，市县级国家调查队和县级统计局按照住户调查制度的时限要求，将审核完成的原始数据，通过安全途径直接上报调查总队。

调查基础数据包括样本信息、调查户记账数据和问卷调查数据。由市县调查统计机构负责对记账数据进行编码，采用国家统计局编制下发的数据处理程序录入调查基础数据。有条件的地方可使用基于网络的数据采集平台，包括调查户网上记账、单机记账和调查员手持电子终端采集数据。市、县调查统计机构对录入的数据进行初步审核。

（五）数据上报

分省调查样本的基础数据由各调查市、县直接上报各调查总队，经调查总队审核、通过国家统计局内网邮箱上报国家统计局住户调查办公室。上报时间详见本方案的报表目录。周六、日仍按期报送；遇到其他法定节假日，按国家统计局的相关规定上报。上报格式必须与国家统计局编制下发的数据处理程序规定的格式一致。

分市县调查中的扩充样本由调查市、县上报调查总队。上报时间和方式由分市县住户调查实施方案规定。

有条件的地方可网上直报，多级共享。

（六）数据处理

数据处理包括数据审核、加权、汇总和评估。

分省住户调查样本和国家调查县所有样本的基础数据由各调查总队直接审核，汇总后提供给省级统计局。分市县调查中的其他扩充样本的基础数据由调查总队负责审核。

全国、省、市、县各级汇总结果根据分户基础数据、采用加权汇总方式生成。各级汇总权数由国家统计局统一制定。国家统计局根据分省调查样本数据和相应权数汇总生成全国和分省数据。各调查总队根据分市县调查样本数据和相应权数汇总生成分市县数据。

国家统计局对分省调查结果进行审核评估，分市县住户调查汇总数据评估由调查总队负责完成。

（七）数据发布

分省住户调查结果数据按年度和季度发布，各地不得自行增加发布频率。分市县住户调查结果数据可适当降低发布频率。季度主要发布居民收支数据，其余数据按年度发布。

全国和分省数据由国家统计局发布。调查总队发布分市县数据的时间不得早于国家统计局发布全国和分省数据的时间。调查总队应将调查主要汇总结果及时提供省级统计局和政府有关部门。

按自上而下的顺序依次发布国家、省、市、县数据。发布分市县居民可支配收入和消费支出时，只发布合计数及其一级分类指标。

（八）数据质量控制

住户调查实行全过程质量控制。国家统计局建立全过程质量控制制度，规范方案设计，科学抽选样本，认真组织培训，严格流程管理，加强监督检查。每个季度随机抽取 6000 个调查户进行电话回访，对调查样本代表性进行评估和校准，对基础数据进行审核分析，对各地住户调查专业工作的各个环节进行量化考核。各级调查统计部门要加强调查基础工作，加强对调查过程的各个环节监督、检查和验收，及时、独立上报数据。

（九）其他

本方案实行全国统一的统计分类标准和编码，各级调查统计部门必须严格执行。

本方案自 2019 年 12 月 1 日开始执行。

本方案由国家统计局负责解释。

四、住户问卷调查 C 卷填报说明

（一）填报对象

问卷 C 主要用于调查集体居住户、住家保姆、住家家庭帮工和记账确有困难的家庭居住户的收入和支出信息。

（二）注意事项

1. 收付实现制原则。发生收支时以是否收到现金或实物为标准来填写。如遇到赊购赊销和工资拖欠，则不填写；收到预发和补发的工资，按照实际发生的金额填写。由单位代扣的个人所得税、个人缴纳的社会保障支出和住房公积金，是工资收入的一部分，要计入工资收入，同时也计入非消费性支出。

2. 收入和支出中既包括现金部分，也包括实物部分。按照问卷提示相应填写。实物折价中产品和服务折价由被调查者按当地市场价折算后填写。如果产品和服务由雇主生产并提供，可由被调查者按生产价格折算填写。发放的卡、券等也填入相应收入。

3. 收入和支出中既包括个人部分，也包括家庭部分。要求收入和非消费性支出个人部分按人填写。在填写之前，调查员要根据问卷 A 将本住户的常住成员姓名誊写在"成员姓名"行，同时应根据问卷 A 将编码誊写在"成员代码"行，要求代码、姓名都要与 A 卷保持一致。要求询问每个调查对象，如果调查对象本人不在，则询问住户中的知情者或户主。家庭部分的收入和非消费性支出填在"99"列下。

4. "过去三个月"指调查时点的前三个月（含调查时点所处月份）。

五、现金和实物收支日记账 D 记账说明

《现金和实物收支日记账》是反映居民日常收支情况的原始记录，其目的是为政府决策提供详细、准确、客观的居民生活状况资料。您家作为全国十几万调查户的一员，所记录的住户收支情况是非常宝贵的资料。只有得到您的支持，我们的工作才能顺利开展。在此，向您表示衷心的感谢。请您坚持按每天实际发生的生活收支逐笔记录，做到日清月结、不重不漏。

（一）基本要求

请调查户指定一名对家中收支情况熟悉、有记账能力并且经常在家的人记账。记账时请使用钢笔或圆珠笔（水芯笔）书写，不能使用铅笔，记录清晰整洁。按照"六有六无"的标准记好每一笔账。"六有"即：有日期、有项目摘要、有单位、有数量、有金额、收入项目有成员姓名；"六无"即：无重记、无漏记、无混合账、无假账、无字迹不清、无错栏串格。账页中"编码""成员代码"和"折标准数量"由县（市、区）调查队工作人员填写，调查户不必填写。

（二）记账内容

1.住户成员增减情况、家庭旅游消费总额、参观文化场所人次。本月住户成员发生成员增加时，在日记账的封面填写增加的成员姓名、年龄、增减原因和新增成员的主要就业情况（如公务员、国有企业职工、私营企业职工、农民、外出打工、本地务工、离退休人员、在校学生、家务劳动者等）。新增成员的代码由调查员编写。如果住户成员发生减少时，新增成员主要就业情况和新增成员代码不需填写。家庭旅游消费总额是指家庭成员外出旅游时，除购物之外的所有花费，包括交通、住宿、餐饮、门票、保险，以及在景区游玩

的其他花费。调查户在填写参观文化场所人次时，可以按照实际发生时间顺序及人次在空白处划"正"字，调查员上门收取账本时，与调查户共同统计总人次后填写。

2.现金收支账。包括：现金收入账、个人社会保障和所得税支出、以及现金支出账。现金账按照要求登记日期、项目摘要、成员代码、单位、数量、金额、备注等信息，发生一笔记一笔，做到当天发生当天记。如果是住户成员个人得到的收入，要填写住户成员姓名；如果是住户整体得到的收入，则"姓名"一栏填写"家庭"，同时在"成员代码"一栏填写"99"。个人社会保障和所得税支出也要按照要求填写住户成员的姓名和成员代码。如果住户开办的是非公司制企业（包含私营独资企业和私营合伙企业），则企业得到的经营净收入也应视为该住户的经营净收入，记账时在"姓名"一栏填写"私营企业"，在"成员代码"一栏填写"77"。同时，该私营企业从事经营交纳的所得税要根据记账项目进行单独编码，同样地记账时在"姓名"一栏填写"私营企业"，"成员代码"一栏填写"77"。另外需要注意，对于住户中长期外出从业且不能经常回家居住的非常住成员，其在外出从业期间的收入和支出不用计入日记账，但其寄回带回家中的收入要计入日记账。城乡外出从业人员的寄回带回收入分别编码为"城镇外出从业人员寄回带回收入"和"农村外出从业人员寄回带回收入"。另外，非农产业的经营性收入如果发生比较频繁，可以按月记一笔净收入（经营收入－经营费用），并注明为净收入，如"5月份小卖部净收入"和"4月份餐馆的净收入"。不过，如果记账户倾向于每天记录毛收入和费用，也可以分开登记营业收入和相关的各种费用支出（如水电费、汽油费等）。以物易物应视为出售和现金消费，如用500公斤玉米跟别人换400公斤小麦，应记录"出售500公斤玉米"和"购买400公斤小麦"。

3. 实物收支账。包括：来自单位或雇主的实物产品和服务、来自政府和组织的实物产品和服务、大宗农产品（粮棉油）的产量和用途以及用于生活消费的自产农产品。来自单位和雇主、政府和组织的实物产品和服务，要根据市场价对实物补贴进行折价（如果是低价提供，要扣除个人自付部分），发生一笔登记一笔。对于自产自用（包括用于生产投入和生活消费）的农产品，原则上月末一次性计入日记账。居民之间的实物转移原则上不需要进行记录，比如亲友之间的实物馈赠、实物借贷（包括农户之间的粮食借出和归还等）。但定期的实物赡养应视为现金赡养收支记录。

（三）注意事项

1. 现金收支账按照收付实现制原则进行记录。以收到（或支付）现金为标准，发生一笔记一笔。如遇到赊购赊销和工资拖欠，暂不记账；收到预发和补发的工资，按照实际发生记账。转入银行卡并能支配的等同于收到现金。按工资单上的应发工资填写。由单位代扣的个人所得税、个人缴纳的社会保障支出和住房公积金，是工资收入的一部分，要计入工资收入，同时也计入非消费性支出。

2. 项目不能混记。当一项经济活动涉及多个项目时，要分门别类记录，不能混记。比如购买羊肉、带鱼时，要分别登记购买羊肉××公斤××元，购买带鱼××公斤××元，而不能混记为购买鱼和肉××公斤××元。

3. 日期。日期按照公历实际发生的月、日填写，以自然月份为一个记账月，每月1日更换新账本。

4. 项目摘要。摘要是确定分类和编码的依据，须尽量详细具体，比如"陈"××离退休金""李"××帮人收稻谷劳务收入"。在消费支出中，要细化到品名，比如购买酒，要记清购买的是白酒、啤酒、果酒还是其他酒类；买肉要记清是猪肉、牛肉、羊肉还是其他肉类。对于农业生产经营户，首先要明确是收入（卖或出售）还是支出（买或购进），购进物品还要区分是用于生产还是用于生活，例如"购买玉米（主食）"或者"购买玉米（猪饲料用）"。

5. 计量单位、数量。填写伴随现金收支而发生的实际计量单位和数量，计量单位根据记账户习惯使用公制和市制均可，但单位和数量要统一。如购买白菜 20 市斤，应分别在"单位"栏和"数量"栏中填写"斤"和"20"，或者填写"公斤"和"10"。

6. 编码、成员代码、折标准数量，由调查员填写。其中"折标准数量"按公制单位计算，公制重量应为"公斤（或千克）"，长度单位为"米"，体积单位为"立方米"，面积单位除经营耕地、林地、水面面积以及播种面积为"亩"以外，其余为平方米。如果调查户填写的数量没有按公制要求，应由调查员按公制折算成"折标准数量"，计入日记账。

7. 备注。出售猪、牛、羊、家禽等，在"计量单位"栏记"头"或"只"，"数量"栏填写具体头数或只数，同时在"备注"栏填写具体重量""××公斤"。

8. 关于网购支出项目的记账方法：调查户记账时，凡是网购支出账目，在"备注"栏上打"√"；其他支出账目，在"备注"栏留空。

六、住户问卷调查 E 卷填报说明

（一）填报对象

问卷 E 由从事生产经营活动的调查户填报。其中：

E1 农业经营基本情况：调查农业生产经营户。

E2 非农产业固定资产投资情况：调查非农产业生产经营户。

如果住户年内没有从事过经营活动，则不需填写该调查问卷；如果住户本年仅经营过农业（包括农业、林业、牧业、渔业及农林牧渔服务业），则只需填写 E1 表；如果住户本年仅经营过非农产业，则只需填写 E2 表；如果住户本年既经营过农业，又经营过非农产业，则需同时填写 E1 表和 E2 表。

（二）固定资产的界定

在家庭或个人从事的生产经营活动中，所拥有的使用期限在两年及以上、单位价值在 1000 元以上的房屋建筑物、机器设备、器具工具、役畜、产品畜等资产应作为固定资产统计。

固定资产原价按照当初固定资产的购进价或建购价来记录。

（三）注意事项

关于土地种植情况，不在本问卷列出的粮食和经济作物类别之内的作物，则不需填报。

七、住户问卷调查 F 卷填报说明

（一）填报对象

问卷 F 由抽中调查小区或所在社区的村委会或居委会管理人员填报。

（二）注意事项

1．居委会仅填报第一部分；村委会第一部分按所在自然村情况填报，第二部分按所在行政村情况填报。

2．居委会内有，但本调查小区居民不能够享受到的基础设施或基本社会服务，如健身器材、安全保卫等，则视为没有。

八、住户问卷调查 G 卷填报说明

（一）填报对象

问卷 G 供摸底调查和年末调查使用，由各县（市、区）调查队人员根据当地劳动社会保障和公积金缴纳的相关政策进行填报。

（二）注意事项

1．本问卷调查有单位或雇主的职工社会保障缴费情况。不涉及自营人员或无单位人员自行缴费的情况。其中，养老保险指"城镇职工基本养老保险"，医疗保险指"城镇职工基本医疗保险"。

2．"单位缴费比例"和"个人缴费比例"主要根据当地劳动社会保障部门和公积金管理部门的相关政策进行填报。

3．问卷中不得有空项。全县（市、区）使用统一的缴费比例的，也要求各项目填写完整。

九、住户问卷调查 M 卷填报说明

（一）填报对象

摸底调查表用于摸底调查和抽中调查户的年度更新。摸底调查时，要调查抽中调查小区住宅名录表中的所有住宅和住宅中的所有住户，填写 M1 和 M2 中涉及的所有信息；年度更新时，只调查抽中调查户。

（二）住宅和住户

1. 住宅是指人工建造的，有墙、顶、门、窗等结构，具有独立入口，供人居住的房屋或场所。包括单元房、筒子楼、平房、四合院、独栋别墅等普通住宅，也包括工棚、工厂的集体宿舍，餐馆、发廊以及办公室等有人居住的场所。

2. 住户是指居住在一个住宅内，共同分享生活开支或收入的一群人。居住在同一房间内、不共同分享生活开支的人群，每个人都视为一个住户。住家保姆、住家家庭帮工视为单独的住户。在集体宿舍、工棚和工作地住宿中，每个人都视为一个单独的住户。

（三）注意事项

1. 摸底调查时，对于联系不上住户的住宅或空宅等，调查员须通过观察、询问邻居和社区工作人员等方式尽量收集 M1 模块的信息。

2. 填写"您家去年全部净收入"（M214）时，请调查员（辅调员）协助调查户回忆填答，如：可采用先问消费再问收入等方式来尽量避免调查户瞒报。填写时，精确到千位数即可。

3. 填写"本住户是否为或曾为建档立卡贫困户"（M217）和"贫困户退出年份"（M218），请与当地扶贫部门进行确认。

十、抽样方案

本方案适用于 2018—2022 年的住户收支与生活状况调查、农村贫困监测调查、农民工监测调查、退耕还林（草）监测调查、农户固定资产投资调查等项目，涵盖了分省住户调查和分市县住户调查的样本抽选。

（一）抽样目标

以省为总体的分省住户调查抽样目标是：在 95% 的置信度下，分省居民及分省分城乡居民人均可支配收入、消费支出的抽样误差控制在 3% 以内（个别人口较少的省在 5% 以内），收入四大项和消费八大类数据的抽样误差控制在 5% 以内；由此汇总生成的全国居民及分城乡居民人均可支配收入和消费支出的抽样误差控制在 1% 以内，收入四大项和消费八大类数据的抽样误差控制在 3% 以内。

以市或县为总体的分市县住户调查抽样目标是：在 95% 的置信度下，分市居民人均可支配收入和消费支出的抽样误差基本控制在 5% 以内，分县居民人均可支配收入和消费支出的抽样误差基本控制在 15% 以内。

（二）抽样总体

抽样总体是中华人民共和国境内的所有住户，无论是本地户籍还是外地户籍，无论是农业户籍还是非农业户籍，也无论是家庭形式居住还是以集体形式居住。但不包括在学生宿舍、福利院、养老院、监狱、军营等公共机构内以集体形式居住的住户。也不包括全部由非中国公民组成的住户。

（三）抽样框

以 2016 年国家统计局《统计用区划代码和城乡划分代码库》为基础，匹配 2015 年全国 1% 人口抽样调查抽样框资料中的村（居）委会的人口信息，并进行必要的核实和更新，再增加采集村（居）委会的"发展水平位次"信息作为排序指标，综合形成抽样框资料。其中，确定"发展水平位次"时，不限定具体的排序指标，各县（市、区）本着与收入水平高度相关的原则，结合本地实际，根据发改、民政等部门的相关行政记录，以及所掌握其他来源的各种信息，排出大致顺序即可。

经过整理、核实、更新和补充信息后的村（居）委会统称为村级单位，作为初级抽样单元。最后得到的抽样框资料包括所有村级单位的地址代码、名称、城乡属性、户籍人口数、常住人口数和发展水平位次等指标。

（四）抽样方法

综合考虑分省住户调查和分市县住户调查，统筹兼顾住户收支与生活状况调查、农村贫困监测调查等各项住户调查的样本需求。先抽选分省住户调查样本，再根据各市县的样本量需求，补充抽选分市县住户调查样本。农民工监测调查和农户固定资产投资调查的样本是分省住户调查中的村委会样本。退耕还林（草）监测调查的样本是分省住户调查中的退耕还林（草）户样本。农村贫困监测调查的样本来自14个连片特困地区和扶贫重点县的农村样本。

1. 分省住户调查样本的抽选方法

以省为总体，综合采用分层、多阶段、与人口规模大小成比例（PPS）和随机等距抽样相结合的方法抽选村级单位、确定调查小区、抽选样本住户。

每个省分市区和县域两层分别进行抽样。市区层包括所有市辖区，在每个市辖区内采用二阶段抽样，即每个区抽选村级单位并确定调查小区、抽中的调查小区内抽住户；县域层包括县和县级市，采用三阶段抽样，即从县域层中抽调查县、调查县抽选村级单位并确定调查小区、抽中的调查小区内抽住户。部分县（县级市）个数较小的省（自治区、直辖市）不再区分市区层和县域层，在每个区县内抽选村级单位并确定调查小区，抽中的调查小区内抽住户。

（1）确认调查县。县域层的调查县主要由已设立国家调查队的县（县级市）组成，并根据各省县级样本的代表性情况进行适当微调。实际操作中，县域层中的县级样本基本沿用上一周期的调查县，原则上仅针对新建立或撤销县级国家调查队的情况进行适当调整。

（2）抽选村级单位。在每个区和调查县内，将所有村级单位分为城镇居委会（U）、城镇村委会（UR）和乡村（R）三类并依次排列，每类内的村级单位按照"发展水平位次"排序，然后采用与人口规模成比例（PPS）的方法抽取预定数量的村级单位。

（3）确定样本调查小区。在每个抽中的村级单位内确定一个样本调查小区，主要有两种情况：一是，在能够确保调查能顺利开展的前提下，将整个村级单位作为样本调查小区；二是，为便于调查组织开展，对常住人口较多或居住分散的村级单位适当拆分为几个调查小区，并从中确定出一个样本调查小区。所有抽中的未拆分村级单位或从抽中村级单位拆分并确定出来的调查小区，统称为样本调查小区。

具体操作中，对2000户以上的居委会，可拆分为几个规模在1000户左右的调查小区；对于村委会，可将每个自然村（村民小组）视为一个调查小区。然后，在村级单位内，将拆分出的调查小区按地理位置从北往南、先东后西排序，并列出各调查小区的常住人口数。最后，根据PPS抽选村级单位时所用的"人口顺序号"，确定出1个样本调查小区。

（4）抽选住户。在样本调查小区内抽选住户，有两种方式可供选择：一种是对样本调查小区内的所有住宅进行摸底调查，并根据摸底调查数据对所有住户进行排序后，随机等距抽选出固定数量的住户。另一种是先在样本调查小区内编制建筑物清查表，并据此抽选一个规模在 80 宅左右（各地可根据本地回答率情况设定为 60-100 宅）的大样本住宅，然后对这些住宅进行摸底调查，并根据摸底调查数据对住户进行排序后，随机等距抽选出固定数量的住户。每年每个调查小区的设计样本量为 10 户。

2. 分市县住户调查样本的抽选方法

以市或县为总体。在有分省住户调查样本的区县，采用分层、随机的方法，补充抽选分市县住户调查扩充的村级单位，即：根据分市县住户调查所需要的村级单位样本总个数（分省样本 + 分市县扩充样本），将抽样框分成相应数量的层，在没有分配到村级单位样本的层中，随机补充抽选一个村级单位；抽出村级单位后，使用与分省住户调查样本相同的抽选方法，确定调查小区和抽选住户。在没有分省住户调查样本的县，使用与分省住户调查样本相同的抽选方法，抽选分市县住户调查所需要的全部村级单位、确定调查小区、抽选住户。

（五）样本量的确定和分配

分省住户调查的样本量主要是根据各省人口规模、居民收支差异程度和分城乡收支数据抽样精度要求，综合考虑调查经费情况、各省调查力量配置情况和调查组织方式等因素而确定，全国共约 16 万户。分省住户调查的样本量与上一周期基本保持一致，仅基于上一周期的各省抽样误差计算结果，对个别抽样误差过大或过小省的样本量进行微调。省内市区层与县域层之间、层内各区县的样本量分配主要考虑人口规模、收支差异和最低样本量要求。

分市县住户调查要达到规定的抽样精度，以市为总体，需要 1000 户左右样本；以县为总体，需要 200 户左右样本。但在人力物力不足时，简单增加样本量，会弱化调查辅导和数据审核，增加非抽样误差，并不必然提高分市县调查结果的精度。因此，各市县可综合考虑收支差异、精度要求和调查能力，合理提出样本量需求。建议：各区县分城乡的样本量最好都在 50 户以上；当城镇（农村）样本量占比不足 30% 时，不公布城镇（农村）居民收支数据。各市县具体样本量由各调查总队组织确定。

（六）周期内样本轮换

样本调查小区的设计使用周期为 5 年，即从 2018 年到 2022 年，为防止样本老化，原则上样本住户应在五年周期内适时轮换。在每个抽中调查小区内，抽选出 2 组样本住户，每组设计样本量为 10 户，第 1 组样本先接受调查，第 2 组样本轮换后接受调查。

分省住户调查严格按照上述样本轮换方式轮换样本；分市县住户调查的样本轮换方式，建议与分省住户调查一致，具体由各调查总队根据本地实际研究决定。

（七）加权汇总

全国、省、市、县各级调查结果采用加权汇总方式生成，汇总权数由国家统计局统一制定和下发。

十一、抽样实施细则

2018—2022 年住户调查抽样方式：在各县（市、区）内，先抽选村级单位，再确定调查小区，最后抽选住户。具体工作包括：构建抽样框、抽选和落实村级单位、确定样本调查小区、抽选住户、落实调查户、对调查样本进行动态管理。分省住户调查的村级单位样本由国家统计局统一抽选，各省分市县住户调查的补充村级单位样本由各调查总队在国家统计局的指导下统一抽选，其他现场抽样工作由各调查总队组织实施，各级统计局积极配合做好相关工作。

（一）构建抽样框

以2016年国家统计局《统计用区划代码和城乡划分代码库》（以下简称村级单位名录库）为基础，匹配2015年全国1%人口抽样调查抽样框资料中的村（居）委会人口信息，并进行必要的核实和更新，再填写村（居）委会的发展水平位次作为排序指标，同时还要增加采集是否建档立卡贫困村、建档立卡贫困户数和人数等信息，综合形成抽样框资料。

1. 初步整理抽样框

国家统计局住户调查办公室依据2016年村级单位名录库，结合2015年1%人口抽样调查的抽样框资料，初步整理出所有村（居）委会的区划代码、名称、城乡属性、常住人口数和户籍人口数等信息。

2. 核实和更新抽样框

各调查总队组织各县（市、区），以国家统计局下发的抽样框资料为基础，对各村（居）委会的区划代码、名称、常住人口数和户籍人口数等信息进行核实和更新。

（1）核实本县（市、区）的所有村（居）委会是否都已列出。原则上以2016年村级单位名录库为准，不对名录进行增减。对于未列入2016年村级单位名录库（2016年7月31日以后新增）的村（居）委会，在其原归属村（居）委会统计，或将其并入邻近的一个村（居）

委会统计。对于 2016 年村级单位名录库确定之后又进行大规模撤并村（居）委会的县域，要及时报告国家统计局住户调查办公室并提出具体处理意见。

（2）村（居）委会的名称有改动的，要填写其新名称；有其他未列入 2016 年村级单位名录库的村（居）委会包含在本村（居）委会中统计的，名称要填写""××村（居）委会＋"××村（居）委会"。

（3）原则上不对村（居）委会的区划代码进行更新。村（居）委会地域范围有增减、乡级归属有变化的均无需更新区划代码；如果某个村（居）委会的县级归属发生变化，则需增加填写其新归属的 6 位县码。

（4）对抽样框资料中已填写的各村（居）委会的常住人口数进行核实，对未填写的进行补充。对于地域范围有增减的村（居）委会，按最新的地域范围更新常住人口数；对已经拆迁或撤销的村（居）委会，将其常住人口数填为 0，并备注"已拆迁"或"撤销"；对正在拆迁或年内即将拆迁的村（居）委会，如实更新常住人口数，并备注"正在拆迁"或"即将拆迁"；对有其他极特殊原因不便开展调查的，也要如实更新常住人口数，并备注原因，必要时附文说明有关情况。村（居）委会地域内的学生宿舍、医院、福利院、养老院、军营和监狱等公共机构的常住人口数单独列明，不计算在村（居）委会的常住人口数中。更新后的县（市、区）常住人口合计数应与最近年度的统计数据基本一致。

（5）核实和补充常住人口数的同时，也要对户籍人口数进行相应的核实和补充。主要目的：一是便于区分两个人口数的差异，二是为测算流动人口有关数据提供权数校准资料。

（6）城乡属性以2016年村级名录库中的信息为准，原则上不做改动。

3．对村级单位排序

经过初步整理、核实和更新信息后的村（居）会统称为村级单位，作为初级抽样单元。为提高村级单位的抽样效率，需要各县（市、区）将辖区内的所有村级单位，按城乡属性分城镇居委会（U）、城镇村委会（UR）和乡村（R）三类，对每类内的村级单位，按收入水平从高到低进行大致排序，得出各村级单位的"发展水平位次"。

排序时不限定具体的排序指标，由各县（市、区）本着与收入水平高度相关的原则，结合本地实际，根据发改、民政、住建、网格化管理等部门相关行政记录，以及所掌握其他来源信息，辅以乡镇等基层干部的经验估计，排出大致顺序即可。比如：对于城镇地域的村级单位，可按照平均二手房单价等进行排序；对于农村地域的村级单位，可参考村级财政收入、项目建设和产业发展情况、农村信用社区域内存款额等辅助资料进行排序。

注意：对于县级归属发生了经国家认可的变动的村（居）委会，将其放在国家认可的最新归属县内进行排序；对于地方自行调整、未经国家认可的县级归属变动，在后期抽选分市县样本时，再根据其在分市县样本中的县级归属情况，对其"发展水平位次"进行适当调整。

4．增加采集贫困信息

为后期评估和校准贫困户样本代表性、更准确进行贫困测量提供基础资料，在核实和更新抽样框资料时，对于城镇村委会（UR）

和乡村（R）的村级单位，还要增加采集是否建档立卡贫困村、贫困村退出时间、建档立卡贫困户数和人数等信息。

5．进一步清理抽样框

国家统计局住户调查办公室对各调查总队上报的抽样框更新资料做进一步的清理和加工，主要是对各村级单位的常住人口数进行审核和界定，对部分县级归属发生变化的村级单位的区划代码进行维护，对已拆迁、正在拆迁、年内即将拆迁、常住人口较少（户数不足80户），或因有特殊原因不便调查的村级单位进行标识。最后得到的抽样框资料包括所有村级单位的区划代码、名称、城乡属性、户籍人口数、常住人口数、发展水平位次、是否建档立卡贫困村、贫困村退出时间、建档立卡户数和人数，以及特殊情况标识等信息。

抽样框信息更新表、填报方法和相关指标解释详见《抽样框信息更新表》（附件1）。

（二）抽选和落实村级单位

1．抽选村级单位

县（市、区）抽选村级单位采用与人口规模成比例（PPS）的方法。即在各调查县（市、区）内，将所有可调查的村级单位根据城乡属性分为U、UR、R三类并依次排列，每类内的村级单位按照"发展水平位次"排序，然后，用村级单位的常住人口累计数作为辅助变量，随机等距抽选所需数量的村级单位。

2．落实村级单位

国家统计局住户调查办公室将村级单位样本抽选的有关结果下发，各县（市、区）对所抽选出的村级单位逐个进行落实，如果存在某个或某几个村级单位存在特殊困难无法开展调查的情况，用"发展水平位次相邻"的村级单位进行类内替换，即：在被替换村级单位所属的类别（U、UR 或 R）内，选择发展水平位次比其低或高 1 位的村级单位入样，县（市、区）内第一个需要替换的村级单位换低 1 位次的村级单位，第二个需要替换的村级单位换高 1 位次的村级单位，以此类推。替换时，各县（市、区）按照上述"发展水平位次相邻"的原则确定出备选村级单位，然后将有关情况上报调查总队核准。各调查总队要严格控制各县（市、区）的村级单位样本替换比例，原则上不得超过 10%。各县（市、区）完成村级单位落实后，各调查总队将本省村级单位样本落实及替换情况汇总后，上报国家统计局住户调查办公室。

（三）确定样本调查小区

在每个抽中的村级单位内确定一个样本调查小区，主要有两种情况：一是将整个村级单位作为样本调查小区，二是将村级单位适当拆分为几个调查小区并从中确定出一个样本调查小区。所有抽中的未拆分村级单位和从抽中村级单位拆分并确定出来的调查小区，统称为样本调查小区，共同组成调查小区一级的样本。

1. 对部分村级单位进行拆分

在调查能够开展的情况下，尽量不要拆分村级单位。但为便于调查组织开展，对常住人口较多或居住分散的村级单位可适当拆分，主要有两种情况：一是对 2000 户以上的居委会，可依据其自然地貌，如道路、桥梁、河流、建筑物等围城的区域，拆分为几个规模在 1000 户左右的调查小区。二是对于村委会，可将每个自然村（村民小组）视为一个调查小区，或者按照自然地貌拆分为几个规模在 80 户左右的调查小区。如果有的自然村（村民小组）户数少于 80 户，可将几个相邻的自然村（村民小组）合并为一个规模不低于80户的调查小区，对于居住较为分散的牧区、林区等特殊地区，可适当降低调查小区的户规模。

注意：为减小抽样偏差，在对村级单位进行拆分时，应尽量使拆分出的各调查小区的收入水平大致相当。

各县（市、区）拆分村级单位的具体步骤是：首先，准备一张该村级单位的地图（行政区域图、三农普的普查区图、遥感影像图、手绘简图等均可），在图上画出每个调查小区的边界；然后，按地理位置从北往南、先西后东的顺序对调查小区进行编号；最后，在村级单位拆分表（表1）中，按编号顺序列出各调查小区的名称和常住人口数。其中，调查小区名称可以填写："××居委会西北片区、"××自然村、第"×村民小组、第"×和第"×村民小组等，能区分即可。

表1 村级单位拆分表

层级	县（市、区）						乡（镇、街道）			村级单位	
地址											
编码											

调查小区序号	调查小区名称	调查小区常住人口数	备注
1			
2			
3			
…			

2. 确定样本调查小区

国家统计局住户调查办公室在对各地上报的村级单位拆分表信息进行清理后,针对每个拆分的村级单位,根据PPS抽选该村级单位时所用的"人口顺序号"和该村级单位内各调查小区的常住人口累计数,确定出1个调查小区。

例如:某村级单位有常住人口6000人,人口累计区间是50001～56000,随机等距抽选村级单位时,抽中了人口顺序号53200,落在了该村级单位的人口累计区间内,所以该村级单位被抽中;然后,该村级单位被拆分为2个调查小区,常住人口分别是2500人和3500人,对应的人口累计区间分别是50001～52500和52501～56000,由于抽选村级单位时所用的人口顺序号53200在第2个调查小区的人口累计区间里,所以第2个调查小区被确定出来参加调查。

(四)抽选样本住户

在样本调查小区内抽选住户,大致分4步:对调查小区进行建筑物清查;在此基础上编制住宅名录表;对住宅名录表内的住宅进行摸底调查;根据摸底调查资料对住宅内的所有住户进行排序,并按照随机等距的方法抽选出固定数量的住户。

1. 编制建筑物清查表

(1)绘制调查小区简图

首先,以村(居)委会行政区域图、三农普的普查区图、遥感影像图等为基础,简要绘制调查小区图,不要求绘制得十分精确,只要能清晰明确地识别画出调查小区的边界,能清楚区分出哪些建筑物或区域属于该调查小区、哪些建筑物或区域不属于该调查小区即可。注意，调查小区是一个地域概念，既包括小区边界内永久性或临时性建筑物，还包括其中的空地、庭院等。在未来几年调查期中，小区边界内的所有新增住宅均为调查小区的一部分。

其次，在调查小区图中，对调查小区内的所有建筑物进行编号。编号原则为从地图的西北角开始，按顺时针方向从外到内依次编号，并标识出行走路线，做到建筑物编号与行走路线顺序一致，不重不漏。

然后，在调查小区图中标注建筑物的类型。在标注建筑物的类型时，将学生宿舍、医院、福利院、养老院、军营、监狱、无人居住的商用建筑和办公场所等建筑物标注为"N1"。将半年内要拆迁的住宅楼和半年内还无法进住的新建住宅楼标注为"N2"。将其他建筑物分为四类进行标注：第一种为普通住宅楼（包括商住两用楼和有底商的住宅楼、半年内即可入住的新建住宅楼、空置的单栋楼房或平房），用"P1"标注；第二种为集体宿舍楼，用"P2"标注；第三种为工棚，用"P3"标注；第四种为有人居住的办公楼或商用建筑物，用"P4"标注。其中，建筑物 P1、P2、P3 和 P4 中所包含的住宅为抽样对象。

最后，对于建筑物类型为 P1、P2、P3 和 P4 的建筑物，还要标注建筑物的住宅数。

调查小区图的绘制方法、建筑物类型和住宅数的标注，参考《调查小区图的绘制》（附件 2）。

（2）编制建筑物清查表

根据所绘制的调查小区图，编制建筑物清查表，表式如下。

表 2 调查小区建筑物清查表

层级	县（市、区）	乡（镇、街道）	村级单位	调查小区
地址				
编码				

建筑物序号	建筑物类型标识	建筑物地址（住宅楼院地址）	住宅数
1			
2			
3			
4			
5			
…			

2. 编制住宅名录表

编制住宅名录表时，有两种方式可供选择：一种是，在调查小区内随机等距抽选一个大样本住宅，形成住宅名录表，主要适用于居委会辖区的调查小区；另一种是，将所有住宅纳入住宅名录表，主要适用于村委会辖区的调查小区。

注意：如果某个村委会地域调查小区的常住人口规模较大（比如超过 150 户），考虑到后续摸底调查任务可能较重，也可按照居委会地域调查小区住宅名录表的编制方法，抽选一个 80 宅左右的大样本住宅。相反，如果某个居委会地域调查小区的常住人口规模并不大（比如不超过 100 宅），也可不抽选大样本，直接将所有住宅列入住宅名录表。

（1）抽选大样本住宅编入住宅名录表的情况

在编制住宅名录表之前，首先要确定大样本住宅的规模，建议 80 宅，各地可结合本地实际情况，综合考虑调查户配合程度、调查小区入住率等因素，调整为 60～100 宅，对于个别情况特殊的调查小区，可进一步扩大或适当缩小大样本住宅的规模。

考虑到逐条列出每个住宅较为烦琐，直接在调查小区建筑物清查表的基础上，抽选预定数量的住宅（表 3 示例了抽选过程），然后编入住宅名录表，主要可分以下六个步骤：

表 3 调查小区住宅名录表编制过程表（示例）

建筑物序号	建筑物类型标识	建筑物地址（住宅楼院地址）	住宅数	累计住宅数	规定范围	抽中住宅编号	抽中住宅在本建筑物中的编号
1	P1	美好家园 1 号楼	200	200	1～200	4，18，32，46，60，73，87，101，115，129，142，156，170，184，198	4，18，32，46，60，73，87，101，115，129，142，156，170，184，198
2	P1	美好家园 2 号楼	300	500	201～500	211，225，239，253，267，280，294，308，322，336，349，363，377，391，405，418，432，446，460，474，487	11，25，39，53，67，80，94，108，122，136，149，163，177，291，205，218，232，246，260，274，287
3	N2	幸福家园二期	—	—	—	—	

续表

建筑物序号	建筑物类型标识	建筑物地址（住宅楼院地址）	住宅数	累计住宅数	规定范围	抽中住宅编号	抽中住宅在本建筑物中的编号
4	P2	青年公寓	400	900	501~900	501, 515, 529, 543, 556, 570, 584, 598, 612, 625, 639, 653, 667, 681, 694, 708, 722, 736, 750, 763, 777, 791, 805, 819, 832, 846, 860, 874, 888	1, 15, 29, 43, 56, 70, 84, 98, 112, 125, 139, 153, 167, 181, 194, 208, 222, 236, 250, 263, 277, 291, 305, 319, 332, 346, 360, 374, 388
5	P3	工棚	50	950	901~950	901, 915, 929, 943	1, 15, 29, 43
7	P4	安康大厦	150	1100	951~1100	957, 970, 984, 998, 1012, 1026, 1039, 1053, 1067, 1081, 1095	7, 20, 34, 48, 62, 76, 89, 103, 117, 131, 145
6	N1	物美商厦	—	—	—	—	—

第一步，准备基础信息。在建筑物清查表的基础上，计算用于辅助抽样的累计住宅数和规定范围。

第二步，确定抽样间距。抽样间距＝总住宅数／确定的住宅样本框规模。需要注意的是，抽样间距不能取整，四舍五入后保留一位小数。示例中，抽样间距＝1100/80 ≈ 13.8。

第三步，确定随机起点。随机起点＝随机系数 × 抽样间距，随机系数介于 0 和 1 之间，具体数值由各地自定。随机起点四舍五入后保留一位小数。示例中，随机系数定为 0.31，因此随机起点 =0.31×13.8=4.278 ≈ 4.3。

第四步，确定抽中住宅编号。确定随机起点和抽样间距后，以随机起点四舍五入取整后作为第一个抽中住宅，再以随机起点为基点，依次增加一个抽样间距，四舍五入取整后即为其余各个样本住宅的编号。抽中的住宅编号 = 随机起点 + 抽样间距 ×（N–1），其中 N 表示该调查小区拟抽选的第 N 个住宅。示例中，抽中住宅的编号依次为：4.3+0×13.8 ≈ 4、4.3+1×13.8 ≈ 18、4.3+2×13.8 ≈ 32、4.3+3×13.8 ≈ 46……

第五步，确定抽中住宅在本建筑物中的编号。抽中住宅编号本身只是一个虚拟编号，还需要确定该编号在本建筑物中的实际位置，即抽中住宅在本建筑物中的编号。这里，抽中住宅在本建筑物中的编号 = 抽中住宅编号减去上一个建筑物的累计住宅数。根据此编号，再结合事先确定的行走路线，即可找到该编号对应的住宅。

注意：对于建筑物内住宅的编号，要给出确定的行走路线，确保任何人、任何时间都能根据住宅编号找到唯一、相同的住宅。如果住宅本身带有门牌号，则住宅编号按照门牌号从小到大的顺序进行编号；如果住宅没有门牌号，则住宅编号从一层开始编、每层从西北角开始按照顺时针方向进行编号。

第六步，填写抽中住宅地址，形成住宅名录表（表4）。将抽中住宅编号对应住宅的具体地址填写清楚，要具体到楼号、单元和房间号，比如"美好家园1号楼2单元301"，确保在后续摸底调查中通过该地址能够顺利找到抽中住宅。住宅编码将由抽样程序根据调查小区编码和住宅顺序码自动生成。

表 4 调查小区住宅名录表

层级	县（市、区）	乡（镇、街道）	村级单位	调查小区
地址				
编码				

顺序码	住宅编码	住宅地址
1		
2		
3		
4		
5		
...		

（2）将所有住宅编入住宅名录表的情况。

直接根据建筑物清查表，按照建筑物顺序和建筑物内住宅的编号规则，将所有住宅的具体地址清楚填入住宅名录表（表4）。

3. 开展摸底调查

针对调查小区住宅名录表中的住宅要开展摸底调查，主要目的：一是丰富住户抽样框资料，为抽选住户提供排序信息；二是为权数计算、样本评估和校准提供基础信息；三是在调查小区内起到集中宣传动员的作用。

摸底调查表、填报要求和相关指标解释详见《摸底调查表》。

4. 抽选样本住户

（1）准备住户抽样框资料

将摸底调查表数据录入数据处理程序后，程序可以生成含有住户编码、地址以及相关识别和排序指标的住户信息表（一户一条），作为抽选样本住户的抽样框（表5）。在住户抽样框的生成过程中，程序会自动剔除摸底调查中住宅居住情况为"无人居住的空宅（M105=3）"和"非调查对象（如商用、外籍人口等）（M105=4）"的住户。需要注意，住户抽样框中并不剔除摸底调查中"有人居住，联系不上（M105=2）"和拒绝接受调查（M202=2）的住户，以确保每个属于抽样对象范围的住宅中的住户都有被抽中的概率。

使用家庭人均净收入（M214/M207）作为调查小区内住户的主要排序指标，使用本住宅的市场估值（M104）和建筑面积（M103）作为次级排序指标。同时，利用建档立卡贫困户（M217）指标，监测贫困户样本的入样情况。

表5 调查小区住户抽样框

层级	县（市、区）			乡（镇、街道）			村级单位		调查小区	
地址										
编码										

顺序码	住户编码	住所地址	M105（居住情况）	M202（是否接受摸底调查）	M214（家庭净收入）	M207（本住户常居住人数）	M104（本住宅市场估值）	M103（本住宅建筑面积）	M217（是否为或曾为建档立卡贫困户）
1									
2									
3									
4									
5									
…									

（2）确定调查小区的样本量

根据样本轮换的设计要求，在调查小区的设计周期（2018—2022年）内，为防止样本老化，原则上样本住户应在五年周期内适时轮换。在每个抽中调查小区内，抽选出2组样本住户，每组设计样本量为10户，第1组样本先接受调查，第2组样本轮换后接受调查。因此，各调查小区要抽选的住户样本量为20户。

（3）各轮转组样本住户的抽选

在抽中的调查小区内，按照摸底调查的有关指标排序后，随机等距抽选出20户样本住户。具体步骤如下：

第一步，确定抽样间距。抽样间距=调查小区住户名录表中的总住户数/最终确定的住户样本量。需要特别注意的是，抽样间距不能取整，四舍五入后保留一位小数。

第二步，确定随机起点。随机起点=随机系数×抽样间距，随机系数介于0和1之间，具体数值由各地自定。

第三步，确定抽中的住户。确定随机起点和抽样间距后，以随机起点四舍五入取整后作为第一个抽中住户，再以随机起点为基点，依次增加一个抽样间距，四舍五入取整后即为其余各个样本住户的编号。抽中的住户编号=随机起点+抽样间距×（N-1），其中N表示该调查小区拟抽选的第N个住户。

第四步，分配住户轮转组编号。在同一调查小区内，第1个抽中住户编为1，第2个样本住户编为2，第3个样本住户编为1，第4个样本住户编为2……如此循环往复，将抽中的住户平均编为2个轮转组。

样本住户的抽选统一使用国家统计局住户调查办公室下发的抽

样程序进行。

（五）落实调查户

在抽选出样本住户后，要对前三年使用的样本住户（轮转组1）进一步落实到记账或收支问卷。同时，对后两年使用的样本住户（轮转组2）做好宣传动员，为后续调查做准备。

1. 努力落实抽中住户

如果抽中的住户不愿意接受我们的调查，调查员要尽量取得一些帮助，如由调查户的熟人或朋友介绍、取得村（居）委会工作人员的支持和帮助等，来增加该住户接受调查的可能性。同时，调查员应该尽量做调查户的工作，如果不成功，督导员要上门，再不成功则由市县调查队领导上门进一步做调查户的工作。如果经过多次努力，该住户仍然拒绝调查，才可考虑放弃。

无论最后是否接受调查，抽中住户的信息都要列入样本管理的范围。

2. 拒访户的处理

在落实调查户的过程中，对于不从事农业生产经营的住户（以下简称非农户），如果经多次努力仍拒绝记账，则可以适当使用收支问卷调查方式采集数据，但是各县（市、区）的收支问卷调查户比例不能超过当期样本量的20%。农业生产经营户不能使用收支问卷调查。

如果经多次努力，非农户仍然拒绝记账或收支问卷调查，则在排序好的调查小区住户抽样框中，按照先下后上的顺序，寻找一个位次相邻的住户进行替换。如果农业生产经营户拒绝记账，则在排序好的调查小区住户抽样框中，按照先下后上的顺序，寻找一个位次最邻近的农业生产经营户进行替换。替换时，要按照规定的流程在数据处理程序中进行更换住宅样本操作，记录替换痕迹和相关情况。

3. 有人居住但联系不上的处理

如果抽中了摸底调查时住宅居住情况为"有人居住，联系不上（M105=2）"的住宅，落实调查户时，如果有 1 户独住，则直接将其作为调查户；如果有多户合住，则随机抽取 1 户作为调查户；如果仍联系不上，则从调查小区住户抽样框中，按排序先低后高的顺序，选择位次相邻的住户替换。

落实调查户之后，即可开展开户调查。开户调查的内容主要包括：住户成员及劳动力从业情况（问卷 A）、住房和耐用消费品拥有情况（问卷 B）。

（六）样本的动态管理

1. 调查小区住宅数的变化和相应的处理

抽中调查小区的住宅数每年跟踪一次。如果发生以下情况，需要进行相应的处理。

（1）调查小区新增的住宅数超过样本抽选年总住宅数

如果调查小区内新增住宅数超过样本抽选年（2017 年）总的住宅数，则在剔除已调查过的住宅后，按照相同的方法，重新抽选样本住户。具体步骤如下：

第一步，重新构建住户抽样框。以调查小区原有建筑物清查表为基础，补充新增建筑物、更新住宅数，重新编制住宅名录表，并将已调查过的住宅剔除，然后对住宅名录表中的住宅进行摸底调查，形成新的住户抽样框。

第二步，确定住户样本量。按照本轮样本轮换设计周期的剩余年度，确定需要抽选的样本量，如果剩余 4 年，则需要抽选的住户样本量为 20 户，如果剩余 3 年及以下，则需要抽选的住户样本量为 10 户。

第三步，抽选样本住户。仍然按照随机等距的方法抽选样本住户，具体抽选过程与首次抽选样本住户时相同。

（2）调查小区减少的住宅数超过样本抽选年总住户数的一半

如果调查小区被大规模拆迁，则根据民政部门的行政记录，在最新建立的村（居）委会中确定一个调查小区作为替代小区，并报国家统计局进行审批。如果调查小区属于扶贫移民搬迁，则首先考虑对调查户进行跟踪调查，如无法跟踪则选择最近建立的扶贫移民安置小区作为替代小区，并报国家统计局进行审批。

新替换上的调查小区内样本住户的抽选方法与首次抽选时相同。

2. 样本住户的追踪和处理

一旦落实了住户样本，则在调查期内始终跟踪这些样本住户。如果样本住宅内的住户迁出或者不愿意继续接受调查时，则需要按照以下规定进行相应的处理。

（1）调查户自然迁出或集体居住户流动时的处理

调查户发生自然迁出（换新房、重新租房等），或者与他人合住的住户流动到别处时，如果该调查户没有迁出本县（市、区），而且可以继续调查，则可对其进行追踪调查；如果该调查户不能继续调查，则需在调查小区住户抽样框的非抽中住户中寻找一个居住状态（独户居住还是多户合住）、户籍状况、家庭规模、就业结构、收入水平等相似的住户进行替换。如果住户抽样框中已无符合条件的可替换户，则可在框外选择相似户进行替换。替换时需要在数据处理程序中进行相应操作，以记录替换痕迹和相关情况。

（2）调查户不愿意继续接受调查时的处理

如果调查户不愿意继续接受调查时，则需在调查小区住户抽样框的非抽中住户中寻找一个居住状态（独户居住还是多户合住）、户籍状况、家庭规模、就业结构、收入水平等相似的住户进行替换。如果住户抽样框中已无符合条件的可替换户，则可在框外选择相似户进行替换。替换时需要在数据处理程序中进行相应操作，记录替换痕迹和相关情况。

注：以上是2019年10月国家统计局制定的《住户收支与生活状况调查方案》摘录。因各个时期的调查方案各有不同，不可能一一登载。

十二、青田住户调查的样本点

（一）1985年至1988年（国家点）农村住户调查样本点：8个乡，24个村，120户。

序号	乡镇	行政村	辅助调查员	调查户数
01	东江乡	东江	虞金松	5
02	东江乡	南坑	刘凤青	5
03	东江乡	南江	刘日利	5
04	油竹乡	下村	朱丁林	5
05	油竹乡	小口	王宗元	5
06	油竹乡	上村	陈六甫	5
07	浮弋乡	浮弋	胡友祥	5

续表

序号	乡镇	行政村	辅助调查员	调查户数
08	浮弋乡	上京	罗承环	5
09	浮弋乡	大坑	陈元琪	5
10	东岸乡	西岸	朱成文	5
11	东岸乡	汛桥	尹国良	5
12	东岸乡	周岙	陈碎姆	5
13	芝溪乡	上本	洪焕南	5
14	芝溪乡	朱店前	季樟树	5
15	芝溪乡	垟肚	余海珍	5
16	季宅乡	黄放口	季献宗	5
17	季宅乡	华坦	李先荣	5
18	季宅乡	二房	洪勇书	5
19	仁庄乡	仁庄	吴雪平	5
20	仁庄乡	罗溪	王竹兴	5
21	仁庄乡	金垟	陈金雄	5
22	东源乡	东源	叶培欣	5
23	东源乡	项村	叶金娥	5
24	东源乡	红光	马伯如	5

注：1987 年东源乡东源村的辅助调查员叶培欣更换为叶盛。

（二）1989 年（国家点）农村住户调查样本点：10 个乡，20 个村，100 户。

序号	乡镇	行政村	辅助调查员	调查户数
01	方山乡	根头	林华飞	5
02	方山乡	石前	黄国飞	5
03	张口乡	张口	张德松	5
04	张口乡	阜口	黄明德	5
05	仁宫乡	下岸	朱国新	5
06	仁宫乡	仁宫	夏海平	5
07	高湖乡	高湖	叶伯谦	5
08	高湖乡	角坑	赵岳甫	5
09	前仓乡	石郭下村	徐志忠	5
10	前仓乡	圩仁	陈宝英	5
11	海口乡	泗洲埠	朱环	5
12	海口乡	南岸	廖光	5
13	北山乡	北山	杜光朝	5
14	北山乡	黄库	吴永金	5
15	东源乡	东源	叶盛	5
16	东源乡	莲底垟	叶品清	5
17	海溪乡	正教寺	王爱玲	5
18	海溪乡	乌楼	朱友池	5
19	东岸乡	大垟下	朱振南	5
20	东岸乡	洲头	尹平兴	5

（三）1990年至1994年(国家点)农村住户调查样本点：10个乡，10个行政村，100户。1992年乡镇实行"撤扩并"，乡镇名称有变动。

序号	乡镇	行政村	辅助调查员	调查户数	92 撤扩后
01	贵岙乡	下坑	张显夫	10	贵岙乡
02	张口乡	张口	张法松	10	北山镇
03	王岙乡	大弄底	赵进康	10	舒桥乡
04	阜山乡	红富垟	傅建毅	10	阜山乡
05	芝溪乡	垟肚	余海珍	10	船寮镇
06	东源乡	东源	叶盛	10	东源镇
07	高湖乡	高湖	叶伯谦	10	高湖乡
08	北山乡	北山	杜光朝	10	北山镇
09	湖边乡	湖边	陈定敏	10	鹤城镇
10	方山乡	根头	林华飞	10	方山乡

注：1991 年阜山乡红富垟村的辅助调查员傅建毅更换为高市乡外村的陈海军；1993 年东源镇东源村的辅助调查员叶盛去世，由叶肖忠接替；1993 年湖边乡湖边村辅助调查员陈定敏由陈志光接替。

（四）1995 年至 1999 年（国家点）农村住户调查样本点：10 个乡镇，10 个行政村，100 户。

序号	乡镇	行政村	辅助调查员	调查户数
01	温溪镇	大垟下	朱振南	10
02	船寮镇	垟肚	余海珍	10
03	贵岙乡	下坑	张显夫	10
04	北山镇	北山	杜光朝	10
05	章旦乡	兰头	金焕清	10
06	高湖乡	高湖	叶伯谦	10
07	海口镇	东江	虞家儒	10
08	鹤城镇	湖边	陈泽敏	10
09	章村乡	下章村	陈建良	10
10	方山乡	根头	林华飞	10

（五）1999年（县点）新增农村住户调查样本点：10个乡镇，10个行政村，100户。

序号	乡镇	行政村	辅助调查员	调查户数
01	山口镇	油竹下村	徐海周	10
02	东源镇	红光	周洪彬	10
03	腊口镇	浮弋	吕明清	10
04	高市乡	练岙	章成高	10
05	海溪乡	西园	刘根林	10
06	巨浦乡	范村	王万洪	10
07	黄垟乡	石平川	王永皆	10
08	岭根乡	铁沙济	黄海平	10
09	双垟乡	岭康	徐宋业	10
10	阜山乡	周宅	周雄标	10

（六）2000年农村住户调查样本点：16个乡镇，16个行政村，160户。

序号	乡镇	行政村	辅助调查员	调查户数
01	双垟乡	岭康	徐宋业	10
02	章旦乡	兰头	金焕清	10
03	阜山乡	周宅	周雄标	10
04	巨浦乡	范村	王万洪	10
05	高湖镇	高湖	叶伯谦	10
06	船寮镇	垟肚	余海珍	10
07	温溪镇	大垟下	朱振南	10

续表

序号	乡镇	行政村	辅助调查员	调查户数
08	腊口镇	浮弋	吕明清	10
09	海溪乡	西园	刘根林	10
10	山口镇	油竹下村	徐海周	10
11	鹤城镇	湖边	陈泽敏	10
12	北山镇	北山	杜光朝	10
13	章村乡	下章村	陈建良	10
14	高市乡	练岙	章成高	10
15	东源镇	红光	周洪彬	10
16	黄垟乡	石平川	王永皆	10

注：2000年4月，温溪镇大垟下村辅助调查员朱振南去世，由朱振乾接替。

（七）2001年农村住户调查样本点（国家点）：10个乡镇、10个行政村、100户。

序号	乡镇	行政村	辅助调查员	调查户数
01	山口镇	下村	徐海周	10
02	海溪乡	西园	刘根林	10
03	腊口镇	浮弋	吕明清	10
04	温溪镇	大垟下	朱振乾	10
05	船寮镇	垟肚	余海珍	10
06	高湖镇	高湖	叶伯谦	10
07	巨浦乡	范村	王万洪	10
08	阜山乡	周宅	周雄标	10
09	章旦乡	兰头	金焕清	10
10	双垟乡	岭康	徐宋业	10

（八）2001年农村住户调查样本点（县点）：19个乡镇、19个行政村、190户。

序号	乡镇	行政村	辅助调查员	调查户数
01	鹤城镇	湖边	陈泽敏	10
02	东源镇	红光	周洪彬	10
03	海口镇	高沙	朱彩林	10
04	北山镇	北山	杜光朝	10
05	仁庄镇	小令	徐青科	10
06	黄垟乡	石平川	王永皆	10
07	季宅乡	华坦	叶金雄	10
08	高市乡	练岙	章成高	10
09	祯埠乡	小群	李小伟	10
10	石帆乡	虞宅	洪先平	10
11	章村乡	下章村	陈建良	10
12	舒桥乡	丁埠头	张晓静	10
13	岭根乡	小吾	王伯亮	10
14	方山乡	周岙	周品华	10
15	汤垟乡	小佐	邱建华	10
16	贵岙乡	贵岙	郑成信	10
17	小舟山乡	小舟山	郑定波	10
18	仁宫乡	大奕	王祖茂	10
19	石溪乡	国垟	曾碎南	10

（九）2002 年农村住户调查样本点：26 个乡镇，26 个行政村，260 户。

序号	乡镇	行政村	辅助调查员	调查户数
01	北山镇	北山	杜光朝	10
02	海口镇	高沙	朱彩林	10
03	仁庄镇	小令	徐青科	10
04	季宅乡	华坦	叶金雄	10
05	舒桥乡	丁埠头	张晓静	10
06	祯埠乡	小群	李小伟	10
07	岭根乡	小吴	王伯亮	10
08	方山乡	周岙	周品华	10
09	汤垟乡	小佐	邱建华	10
10	贵岙乡	贵岙	郑成信	10
11	小舟山乡	小舟山	郑定波	10
12	仁宫乡	大奕	王祖茂	10
13	石溪乡	国垟	曾碎南	10
14	黄垟乡	底项	赖祝平	10
15	东源镇	红光	周洪彬	10
16	高市乡	练岙	章成高	10
17	章村乡	下章村	陈建良	10
18	鹤城镇	湖边	陈泽敏	10
19	山口镇	下村	徐海周	10
20	海溪乡	西园	刘根林	10
21	腊口镇	浮弋	吕明清	10
22	温溪镇	大垟下	朱振乾	10
23	高湖镇	高湖	叶伯谦	10
24	巨浦乡	范村	王万洪	10
25	阜山乡	周宅	周雄标	10
26	阜山乡	岭康	徐宋业	10

注：石帆乡并入腊口镇，双垟乡并入阜山乡（岭康）。

（十）2003 年至 2004 年农村住户调查样本点：31 个乡镇，32 个行政村，320 户。

序号	乡镇	行政村	辅助调查员	调查户数
01	鹤城镇	湖边	陈泽敏	10
02	温溪镇	大垟下	朱振乾	10
03	东源镇	红光	周洪彬	10
04	高湖镇	高湖	叶伯谦	10
05	船寮镇	垟肚	余海珍	10
06	海口镇	高沙	朱彩林	10
07	腊口镇	浮弋	吕明清	10
08	北山镇	北山	杜光朝	10
09	山口镇	下村	徐海周	10
10	仁庄镇	小令	徐青科	10
11	万山乡	孙阔	罗东彬	10
12	黄垟乡	底项	赖祝平	10
13	季宅乡	华坦	叶观廷	10
14	高市乡	练呇	章成高	10
15	海溪乡	西园	刘根林	10
16	祯埠乡	小群	李小伟	10
17	祯旺乡	祯旺	金邦淼	10
18	章村乡	下章村	陈建良	10
19	舒桥乡	丁埠头	李慧芳	10
20	巨浦乡	范村	王万洪	10

续表

21	岭根乡	小吾	刘振民	10
22	万阜乡	万阜	华高丁	10
23	方山乡	周岙	周品华	10
24	汤垟乡	小佐	邱建华	10
25	贵岙乡	贵岙	郑成信	10
26	小舟山乡	小舟山	郑定波	10
27	吴坑乡	吴坑	倪仕学	10
28	章旦乡	兰头	金焕清	10
29	阜山乡	周宅	周雄标	10
30	阜山乡	岭康	徐宋业	10
31	仁宫乡	大奕	王祖茂	10
32	石溪乡	国垟	曾碎南	10

（十一）2005 年至 2009 年农村住户调查样本点：25 个乡镇，29 个行政村，270 户。

序号	乡镇	行政村	辅助调查员	调查户数
01	温溪镇	高岗	卓佐民	10
02	船寮镇	船寮	洪元	10
03	船寮镇	垟肚	余海珍	10
04	船寮镇	外湖	洪友如	10
05	海口镇	泗洲埠	殷松华	10
06	海口镇	高沙	朱彩林	10
07	仁庄镇	小令	徐青科	10
08	季宅乡	季宅	陈民东	10
09	方山乡	松树下	叶秀茂	10

续表

序号	乡镇	行政村	辅助调查员	调查户数
10	方山乡	下硃	周品华	10
11	高湖镇	高湖	叶伯谦	10
12	阜山乡	周宅	周雄标	10
13	章旦乡	兰头	金正敏	10
14	祯埠乡	小群	陈小敏	10
15	东源镇	项村	张贵青	10
16	万山乡	孙阔	罗东彬	10
17	祯旺乡	祯旺	金邦妙	10
18	海溪乡	西园	刘根林	10
19	汤垟乡	小佐	邱建华	10
20	贵岙乡	贵岙	郑成信	10
21	石溪乡	国垟	曾碎南	10
22	小舟山乡	小舟山	郑定波	10
23	黄垟乡	石平川	周章南	10
24	章村乡	下章村	陈建良	10
25	高市乡	练岙	章成高	10
26	腊口镇	高坟岗	黄法明	10
27	吴坑乡	吴坑	倪仕学	10
28	仁宫乡	仁宫	蒋启平	10
29	舒桥乡	叶店	留志钢	10

（十二）2010 年至 2012 年农村住户调查样本点：18 个乡镇，20 个行政村，200 户。

序号	乡镇	行政村	辅助调查员	调查户数
01	温溪镇	高岗	卓佐民	10
02	船寮镇	船寮	洪　元	10
03	船寮镇	外湖	洪友如	10
04	船寮镇	垟肚	余海珍	10
05	海口镇	泗洲埠	殷松华	10
06	仁庄镇	小令	徐青科	10
07	季宅乡	季宅	陈民东	10
08	方山乡	松树下	林保龙	10
09	章旦乡	兰头	金正敏	10
10	阜山乡	周宅	周雄标	10
11	海溪乡	西园	刘根林	10
12	万山乡	孙阔	罗东彬	10
13	贵岙乡	贵岙	郑成信	10
14	小舟山乡	小舟山	郑定波	10
15	石溪乡	国垟	曾碎南	10
16	祯埠乡	小群	陈小敏	10
17	高市乡	练岙	章成高	10
18	东源镇	项村	张贵青	10
19	黄垟乡	石平川	周章南	10
20	汤垟乡	小佐	邱建华	10

（十三）2004 年至 2012 年（县点）城镇住户调查样本点：

1.2004 年至 2006 年城镇住户调查样本点：4 个居委会，40 户。

居委会名称	辅助调查员	调查户数
三居委会	孙肖玲	10
十一居委会	陈竞雄	10
山居委会	季秀丽	10
建岭居委会	徐云芝	10

2.2007 年至 2009 年城镇住户调查样本点：4 个社区，40 户。

社区名称	辅助调查员	调查户数
东门社区	潘丽华	10
西门社区	应伟燕	10
清溪门社区	陈秋利	10
宝幢社区	陈祝君	10

3.2010 年至 2012 年城镇住户调查样本点：4 个社区，40 户。

社区名称	辅助调查员	调查户数
塔山社区	叶建利	10
花园降社区	王永琴	10
问鹤社区	留永静	10
水南社区	何定娇	10

（十四）2013年至2017年城乡一体化住户调查样本点：22个社区行政村、244户。

序号	街道、乡镇	社区、行政村	辅助调查员	调查户数
01	鹤城街道	塔下社区	陈光妹	12
02	鹤城街道	月里湾社区	陈光妹	12
03	鹤城街道	宝幢社区	金宪法	10
04	船寮镇	船寮村001	王云群	10
05	高湖镇	高湖村	季雪勇	10
06	温溪镇	温溪村	陈晓云	12
07	东源镇	平溪村	黄铁森	12
08	舒桥乡	道彭村	陈丽	12
09	高湖镇	良川村	陈民平	12
10	阜山乡	阜山村	李红	12
11	温溪镇	东岸村	陈海微	10
12	吴坑乡	泉城村	邹立林	10
13	石溪乡	溪口村	郭敏瑞	12
14	季宅乡	黄放口村	季金娥	12
15	鹤城街道	问鹤社区	舒毅华	12
16	船寮镇	船寮村002	潘光荣	10
17	温溪镇	港头村	周仲平	10
18	海溪乡	西园村	刘根林	10
19	瓯南街道	南湾村	杜海民	10
20	吴坑乡	石洞村	黄良广	12
21	海口镇	南岸村	廖光	10
22	仁庄镇	仁庄村	伍双春	12

（十五）2018 年至 2022 年城乡一体化住户调查样本点：25 个
社区行政村、250 户。

序号	街道、乡镇	社区、行政村	辅助调查员	调查户数
01	鹤城街道	西门社区	陈光妹	10
02	鹤城街道	新建岭社区	叶建琴	10
03	瓯南街道	水南村	叶晓勇	10
04	瓯南街道	水南社区 001	蔡双双	10
05	瓯南街道	水南社区 002	陈威静	10
06	油竹街道	官塘社区	柳凤珠	10
07	油竹街道	芝竹社区	周海燕	10
08	温溪镇	温溪村	陈晓云	10
09	温溪镇	学神村	朱进权	10
10	船寮镇	赤岩村	陈建平	10
11	船寮镇	白岸村	孙海平	10
12	高湖镇	高湖村	余坤来	10
13	腊口镇	瑶均村	王伟平	10
14	腊口镇	坑口村	陈建英	10
15	海口镇	和合村	陈美仙	10
16	山口镇	大安村	王海彬	10
17	仁庄镇	小令村	徐爱平	10
18	章村乡	颜宅村	陈玉珍	10
19	祯埠镇	小群村	李建军	10
20	汤垟乡	洪口村	卢桂婉	10
21	吴坑乡	吴坑村	倪仕德	10
22	仁宫乡	密溪村	林剑毅	10
23	仁宫乡	仁宫村	周永华	10
24	阜山乡	前王村	王阿雷	10
25	温溪镇	新垟村	厉南兴	10

十三、城乡居民收入情况

年份	城市居民人均可支配收入绝对数（元）	指数（上年=100)	农村居民人均可支配收入绝对数（元）	指数（上年=100)	城市居民家庭恩格尔系数（%）	农村居民家庭恩格尔系数（%）	城镇人均住房使用面积（平方米）	农村人均住房面积（平方米）
1983			236	100				
1984			270	144.1				
1985			293	108.5				
1986			275	93.9				
1987			347	126.2				
1988			411	118.4				
1989			435	105.8		59.7		
1990			419	96.3		57.5		
1991			515	122.9		87.3		19.9
1992			581	112.8		66.6		21.5
1993			787	135.5		37.6		26.9
1994			990	125.8		42.7		21.8
1995			1366	138.0		41.5		28.3
1996			1403	102.7		46.2		20.7
1997			1421	101.3		54.7		21.6
1998			1472	103.6		58.7		23.1
1999			1483	100.7		55.8		23.1
2000			2132	143.8		49.1		29.3
2001			2315	108.6		46.3		34.5
2002			2618	113.1		41.4		35.3

续表

年份	城市居民人均可支配收入绝对数（元）	指数（上年=100)	农村居民人均可支配收入绝对数（元）	指数（上年=100)	城市居民家庭恩格尔系数（%）	农村居民家庭恩格尔系数（%）	城镇人均住房使用面积（平方米）	农村人均住房面积（平方米）
2003			2867	109.5		40.3		35.8
2004	11173	100	3137	109.4	37.2	39.2	29.8	34.6
2005	12967	114.9	3508	111.8	39.8	41.2	30.5	37.2
2006	14251	109.3	3857	109.9	37.1	42.1	30.5	37.7
2007	16612	110.8	4429	114.8	38.7	41.9	29.4	37.7
2008	18478	112.3	5146	116.2	39.9	40.8	28.3	42.1
2009	20345	110.1	5836	113.4	39.0	40.5	36.9	47.2
2010	22500	110.6	6723	115.2	39.1	39.4	37.6	49.0
2011	25037	111.3	8063	119.9	39.1	41.9	37.8	53.0
2012	27579	110.2	9153	113.5	35.7	42.2	39.1	53.5
2013	28620	103.8	13904	151.9	28.6	30.8	39.8	58.0
2014	31256	109.2	15546	111.8	28.0	31.0	40.0	59.0
2015	33787	108.1	17103	110.0	28.5	32.2	40.5	60.2
2016	36996	109.5	18830	110.1	28.4	32.0	41.6	60.4
2017	40214	108.7	20713	110.0	28.2	32.0	42.6	60.8
2018	43874	109.1	22825	110.2	27.7	31.8	43.8	62.1
2019	47954	109.3	25222	110.5	27.7	31.7	44.8	66.1
2020	49728	103.7	27215	107.9	28.4	32.7	45.3	68.7
2021	54651	109.9	30508	112.1	28.4	32.7	45.9	68.4

注：1983 年至 2012 年农村居民人均可支配收入为"农村居民人均纯收入"。

第二节 农产量（农业）抽样调查

（从 1985 年开始调查）

一、国家统计局丽水调查队 农业调查业务工作规范

第一章 总则

第一条 为加强全市农业调查工作基层基础规范化建设，科学有效地组织全市粮食作物播种面积和单产调查工作，逐步实现粮食产量调查工作科技化、制度化、科学化、规范化，保障调查数据的真实性、准确性和及时性，充分发挥信息服务和决策参谋作用，依据《中华人民共和国统计法》《中华人民共和国统计法实施条例》和国家统计局《农林牧渔业统计报表制度》《浙江省农业调查统计报表制度》及有关规定，结合实际，制定本规范。

第二条 调查目的。及时、准确地反映粮食作物播种面积、亩均产量和农户农作物种植意向等农业生产情况，为党和政府制定"三农"政策提供依据，为国民经济核算和社会各界研究"三农"问题提供可靠、权威的调查数据。

第三条 调查主题。开展主要粮食作物播种面积的卫星遥感测量、粮食作物播种面积的抽样调查、粮食产量预计调查、稻谷单产的实割实测、其他粮食作物单产的入户调查、农户种植意向调查、农业生产经营单位中粮食种植面积的调查等工作。

第四条 调查范围。全市所有种植粮食作物的县（市、区）、

所有承担粮食作物播种面积抽样调查的样本村、样方、样方压盖的自然地块、种植农作物的农户及农业生产经营单位。

第五条　调查方法。农作物用地测量采用米级卫星影像全覆盖测量方式；抽中村农作物用地测量采用亚米级影像全覆盖的高精度精细化测量方式；主要粮食作物播种面积测量采用卫星遥感全覆盖统计调查与抽样推断相结合方式；其他粮食作物播种面积调查采用抽样推算与种植结构评估相结合方式；稻谷单产调查采用等距抽样，并对抽中地块进行实割实测方式；其他粮食作物单产采用随机抽选有品种种植农户进行电话或入户访问调查；种植意向调查采用在抽中村中随机抽选农户进行入户调查方法；粮食生产经营单位采用全面统计调查方法。

第二章　工作职责

第六条　国家统计局丽水调查队（以下简称丽水调查队）。学习、贯彻浙江调查总队制订的《浙江省农业调查统计报表制度》；并以会议或文件等形式部署本辖区内粮食产量调查监测工作；组织培训辖区内农业统计人员，也可直接对辅助调查员进行培训；收集县（市、区）调查数据并对数据进行审核、汇总和推算等处理，对数据质量进行评估，向浙江调查总队上报数据；定期发布辖区内粮食生产考核单位的粮食播种面积及产量数据；搜集整理有关农业方面的热点难点问题并撰写调查信息；对各抽中村粮食播种面积和粮食单产基础数据质量和基层工作质量进行检查；对汇总资料及样本村调查的基层统计调查资料进行整理归档；对调查方案提出维护变更意见建议；对县（市、区）粮食产量调查监测工作进行年度考评。必要时开展辅助调查员典型事迹宣传与评优工作。

第七条 县（市、区）调查队、统计局。学习、贯彻浙江调查总队制订的《浙江省农业调查统计报表制度》；根据调查要求组织实施现场调查；收集抽中村调查数据并对数据进行审核，向丽水调查队上报数据；负责本地辅助调查员选聘、调整和培训；搜集整理有关农业方面的热点难点问题并撰写调查信息；对各抽中村粮食播种面积和粮食单产基础数据质量和基层工作质量进行检查；对汇总资料及样本村调查的基层统计调查资料进行整理归档；对调查方案提出维护变更意见建议；对辅助调查员进行年度考评。

第八条 乡镇统计员。理解和掌握县（市、区）调查队、统计局布置的调查内容和要求，负责本地新聘辅助调查员的推荐、单个培训和陪同调查；根据调查要求组织、指导辅助调查员现场调查；对农作物面积现场调查和粮食单产调查基础数据质量进行审核，向县（市、区）调查队、统计局上报调查数据；搜集上报本地有关农业方面的热点难点问题及其他有关粮食产量调查监测的情况。

第九条 辅助调查员。理解和掌握县（市、区）调查队、统计局布置的调查内容和要求，利用下发的PDA采集调查数据，对数据进行必要的审核，及时将采集的报表数据上报乡镇或县（市、区）调查队、统计局，及时向上级报告样本村及样方异常变动情况。

第三章 业务规范

第十条 辅助调查员的管理。为确保实地调查工作高质量，县（市、区）调查队、统计局应聘请责任心强、业务素质好、身体健康的人担任辅助调查员，并制定相应的管理制度进行管理。聘用辅助调查人员的数量，原则上按每个样本村配备1—2个辅助调查员确定。当辅助调查员不适合承担调查任务和样本村出现新的调整等情况时，应做好辅助调查员的调整和选聘工作。对辅助调查员的培训原则上不少于两年一次的频率，对新聘用的辅助调查员上岗前必须进行一次业务培训，必要时由县（市、区）调查队、统计局从事农业调查的专业人员陪同调查。

第十一条　方案的维护与变更。调查方案的维护由浙江调查总队负总责，丽水调查队、县（市、区）调查队、统计局和村级辅助调查员共同配合。当出现以下四种情况时，需对方案作出维护与变更，一是国家统计局要求我省对方案进行调整变更；二是浙江调查总队发现某地样本（样本村、样方、样本户）的代表性有较大问题；三是丽水调查队、县（市、区）调查队、统计局经评估认为抽中样本对当地主要作物代表性有较大问题；四是村级辅助调查人员发现抽中样本出现异常变动情况。最终由浙江调查总队提出维护变更意见，并征得国家统计局批准或同意后，及时反馈给丽水调查队，最终由相应县（市、区）调查队、统计局落实到位。

第十二条　样本的管理及维护。样本的管理由浙江调查总队、丽水调查队、县（市、区）调查队、统计局和辅助调查员共同负责。

播种面积调查的样本：辅助调查员应及时向县（市、区）调查队、统计局报告样本异常变动情况，县（市、区）调查队、统计局要及时了解抽中样本的完整情况，并上报丽水调查队，丽水调查队及时将此情况上报浙江调查总队，市、县不得擅自更换样本，最终由浙江调查总队提出具体处置意见。

农户种植意向调查：县（市、区）调查队、统计局负责样本户的抽选，原则上一个调查年度内抽中户保持不变。

稻谷实割实测调查：总队负责30个重点县的样本村抽选，其他县样本村由丽水调查队负责，县（市、区）调查队、统计局负责调查样方及调查地块的抽选。

第十三条 调查数据的采集。

（一）基本原则。辅助调查员必须到样方自然地块实地查看、到抽中地块实割实测、到样本户家上门或电话访问取得调查数据，并如实登记。

（二）粮食面积、产量调查。由辅助调查员定期到样方中的自然地块进行实地查看，对样方内各个自然地块农作物种植情况登记，全年共需实地调查登记5—7次，其中面积登记4次，踏田估产1—3次；全年共需开展入户调查6—7次，其中4—5次为作物单产调查，2次为种植意向调查。面积调查具体要做到以下几点：

1.原则上按自然田块逐块登记，对于无法切割的按照主要作物、次要作物依次填报。

2.每年第1次调查登记所有在种作物的面积（包括上年冬播作物面积），以后每次调查必须只登记新种农作物的面积。

3.本年年末的播种作物，按本年年内能否收获，不同情况区别登记。对本年年内能收获的农作物播种面积，列入本年全年播种面积，不能收获的，则列入下一年度的农作物播种面积。

（三）主要粮食品种实割实测。由辅助调查员在抽中村内，先踏田估产，再抽选调查地块，然后进行实割实测，其中踏田估产、田块抽选和实割拍照，在PDA中完成。具体步骤如下：

1.准备测量工具。测规、镰刀、样本袋、标签、水分测量仪、脱粒机、电子秤等。

2.踏田估产。在抽中实割实测的样方内，在稻谷即将成熟的

10—15天内踏田估产，逐田块填写预估亩产、计算总产。

3. 抽选实测田块。对踏田估产的所有田块按亩产高低顺序排列，采用半距起点等距抽样方法抽选实测田块。并对抽中田块进行代表性检验，正负误差控制在 ±2% 以内。

4. 实割实测。在田块收割前的1—2天，每个抽中田块均匀抽选3个小样本，每个小样本10平方市尺进行实割实测。

5. 样本谷脱粒、晒干、去杂、称重、测水分，填写报表，保存好样本谷。

（四）农户农作物播种意向面积。由辅助调查员上门访问农户取得，访问的数据记录到基层调查表，一年共调查2次，即全年和冬播农作物播种面积意向调查。调查对象原则上年内不变。

（五）农作物用地的更新。农作物用地更新主要了解变动情况，分两步：一是全面维护更新。即利用上年米级影像对监测范围农作物用地变化进行更新，如农作物用地改为建筑、道路的减少情况，宅基地复垦变农作物用地的增加情况等；二是抽中村农作物用地的精细化维护。即利用亚米级影像或调查员实地调查等方式对抽中村农作物用地按照自然田块变化进行更新。

第十四条　数据的审核。数据的审核采用逐级审核把关的办法，确保原始资料的真实性，达到"三相符"要求，即PDA调查数据与实际情况相符、录入数据与PDA数据相符、录入数据与报表数据相符。

辅助调查员应认真审核农作物种植面积有无重复、遗漏，有否越界登记，农作物代码有否填错等。

各县（市、区）调查队、统计局需认真审核辅助调查员上报的各类报表和说明，掌握辅助调查员业务熟悉情况，播种面积抽样调查操作规程执行情况等内容。建立辅助调查员调查资料审核制度，组织辅助调查员采取自查、互查、抽查、回访等方式深入样本村进行检查审核。检查审核工作应有正式记录及检查报告。检查录入的数据是否符合平衡、逻辑关系，基层数据与录入上报数据是否一致，抽中村农作物用地面积是否异常、分田块单产水平是否奇高奇低等。

丽水调查队对县（市、区）上报数据作进一步审核。

第十五条　数据的上报。各县（市、区）调查队、统计局和辅助调查员应按制度规定的时间、范围、方式上报资料，保证数据完整、准确、及时。数据及资料的上报按照统一要求的安全方式，上报文件名要规范，格式要正确，要有情况说明。对上级查询的问题要尽快核查，及时答复。上报的表种主要有：

（一）面积调查

农作物遥感测量和对地调查样方自然地块登记表（A201 表）

农作物遥感测量和对地调查样方自然地块调查表（A202 表）

（二）单产调查

农作物预计产量卡片（A204 表）

农产量抽样调查放样实测作物卡片（A205 表）

农作物非放样实测卡片（A207 表）

分季粮食作物单产评估表（浙 A415 表）

其中：实割实测按品种分为早稻、单季晚稻和双季晚稻

（三）总产量报表

粮食作物生产情况季节报表（A402 表）

县级粮食作物生产情况（A405 表）

（四）意向调查

农户种植意向调查表（A401表）

除A204、A401表由30个重点调查县上报外，其余报表所有监测单位均要求上报。上报时间按作物季节上报。

第十六条　数据的处理。数据的处理由浙江调查总队和丽水调查队、县（市、区）调查队、统计局共同承担。丽水调查队、县（市、区）调查队、统计局负责本地区数据的处理，浙江调查总队负责全省数据的处理和推算。

第十七条　数据的评估。浙江调查总队和丽水调查队、县（市、区）调查队、统计局均要建立粮食产量调查监测数据质量评估制度，对农作物用地、主要粮食作物分布、样本村、样方内农作物种植情况、主要粮食品种实割实测和农户农作物播种面积意向抽样调查数据进行科学、客观的分析和评估，着重对主要粮食播种面积及单产数据进行评估。并在报表上报后5个工作日内上报评估报告。

对数据质量评估后要提出具体评估意见，形成书面报告上报。报告内容应包括：评估的结果，即对数据质量的评价；评估的依据，即对评估经过和评估方法的说明；建议和措施，即进一步提高数据质量的建议，或对存在质量问题的数据提出的改进措施或调整数据的办法。

在评估中如发现数据存在问题，需要重新核实。严禁借评估之名，人为修改调查数据或在数据上弄虚作假。

第十八条　数据发布。全市粮食播种面积和产量调查数据，需经国家统计局核定后，由浙江调查总队负责对外公开发布。各县（市、区）粮食播种面积和产量调查数据，需经浙江调查总队核定后，由丽水调查队负责对外公开发布。

第十九条 档案管理。各县（市、区）调查队、统计局农作物用地更新、主要粮食作物分布、样本村、样方内农作物种植情况、主要粮食品种实割实测和农户农作物播种面积意向调查结束后，所有调查的原始资料均应整理保存，建立资料档案，以备检查。

（一）需存档管理的原始资料及汇总资料主要包括：

1. 农作物种植用地更新测量表

2. 抽中样方农作物播种面积台账

3. 抽中村抽中样方农作物播种面积汇总表

4. 抽中村调查登记日志

5. 分季粮食作物单产评估表

6. 主要农作物种植空间分布和长势测量表

7. 县级粮食作物生产情况

8. 粮食作物生产情况

9. 农业生产经营单位农作物播种面积情况

10. 样本村（网格）主要农作物种植情况遥感测量表

11. 农产量抽样调查放样实测作物卡片

12. 农作物预计产量卡片

13. 农作物遥感测量和对地调查样方自然地块登记表

14. 农户种植意向调查表

15. 评估、分析、说明、总结等资料。

（二）丽水调查队、县（市、区）调查队、统计局应按要求建立档案，整理保管好各样本村和全县（市、区）的主要调查数据资料。建档资料包括纸介质资料和电子档案资料两部分。纸介质存档资料按调查点装订成册，妥善保管。电子档案主要包括调查数据及其处理程序、文字分析材料电子文档等，刻录成光盘 2 份，与纸介质资料一起保存。

（三）档案保存时间按内容分别确定。调查汇总结果、推算结果和综合性调查资料应永久保存；调查点原始调查资料保存 5 年以上。电子档案应永久保存。

（四）基层统计调查机构应建立和完善调查资料交接和管理制度，如遇机构变动、人员调整，对所保管的调查资料要办理交接手续，防止丢失和损毁，确保档案资料的连续与完整。

第四章 质量检查

第二十条 根据浙江调查总队安排或自行组织开展农业抽样调查基层基础数据质量检查，县（市、区）调查队、统计局应配合做好自查、抽查等工作，认真填写数据质量检查表，上报质量检查报告。对各类检查中发现的问题，应采取必要的整改措施，加强管理，防止类似的问题再次发生。

第五章 附则

第二十一条 本规范由国家统计局丽水调查队农业农村调查处负责解释，自印发之日起实施。

二、浙江省农业调查统计报表制度

为及时收集、整理、提供农业调查资料，根据国家统计局制定的《农林牧渔业统计调查制度（2020 年统计年报和 2021 年定期统计报表）》实施要求及其他有关规定，并结合我省开展的农产量调查监测工作，制定《浙江省农业调查统计报表制度（2020 年统计年报和 2021 年定期报表）》，颁发施行。

（一）本报表制度由所有市、县（市、区）调查队（统计局）及有关单位负责按照本制度统一规定和上报要求填报报表和上报相应材料，并组织好抽中乡（镇）、村、户的调查工作。

（二）本制度实施的报表分三个部分：1. 基层定报表；2. 综合年报表；3. 综合定报表。监测范围为全省辖区所有粮食产量监测单位。全省实施以县为总体的农产量调查监测；国家农产量抽样调查由 30 个承担农产量抽样调查的县（市、区）调查队（统计局）（名单见附件 1）组织实施；粮食生产大县由 14 个国家确定的产粮大县所在的调查队（统计局）（名单见附件 2）负责组织实施。除意向调查直报总队外，其余调查项目一律报各设区市调查队。

（三）县级粮食数据的统计调查采用多种方法进行，包括遥感测量、对地抽样调查、对人（农户或农业经营单位）抽样调查、全面统计、部门统计等。县级统计部门负责对本辖区收集的粮食数据进行审核上报，设区市调查队负责对县级上报的粮食数据进行审核、评估、上报。国家统计局负责省级和产粮大县的数据审核评估，以及最终核定与反馈；国家统计局浙江调查总队统一组织管理设区市调查数据的审核、评估、核实、反馈、发布；设区市调查队负责除产粮大县以外的其他县级数据的核定反馈和对外发布。

（四）报表的填报要求：填写报表时，应根据报表要求在左上角单位处写明"县（市）、乡（镇）、村、户名、户码、样方编码"等。凡表头有两种以上作物名称或季（月）度的报表，填写时保留当季（月）调查作物名称划掉其他作物名称，写上季（月）度。

（五）调查要求：1. 凡调查户数据必须到实地或者入户访问调

查取得；2.农产量抽样调查必须由县（市、区）队同志或聘请的专业调查人员到实地直接对样方进行逐块调查登记，并按要求拍照备查；3.水稻实测田块统一为每个实测样本村3块，每一实测田块小样本个数统一为3个，必须按均匀原则放样、取样。抽样调查人员应根据有关规定和实际情况享受外勤人员待遇。

（六）报表上报要求：各调查表起报单位为市、县（市、区）调查队（统计局），所有上报数据必须经过严格审查，按规范化要求上报总队及各设区市调查队。所有基层表（包括台账日志）均必须保存一份在市、县（市、区）调查队（统计局）。

（七）分析材料上报要求：在上报调查表时，均需同时上报简要的文字分析材料，材料要求点、面结合，讲清增减原因。早、晚稻数据质量评估报告则在数据上报后5日内上报。各季上报实测报表时，当估、实产趋势相反或差距超过正负5%以及有特别情况时，需上报书面说明。全年调查分析材料各设区市不少于3篇，各县（市、区）不少于2篇。

（八）本制度小数点留位以各表下注为准，没有说明的均保留一位小数。

（九）报表制度所产生的统计成果，主要通过统计公报、新闻发布会、浙江统计年鉴、国家统计局浙江调查总队官网以及数据资料的"汇编本""提要本"等多种形式对外发布。

（十）本报表制度由国家统计局浙江调查总队负责解释。

附件：

1.承担国家农产量抽样调查的县（市、区）调查队（统计局）名单（30个）：萧山、余杭、桐庐、鄞州、宁海、余姚、永嘉、苍南、瑞安、秀洲、嘉善、海盐、平湖、桐乡、南浔、长兴、柯桥、上虞、诸暨、嵊州、婺城、义乌、东阳、衢江、龙游、江山、温岭、临海、青田、缙云。2.承担产粮大县抽样调查的县（市、区）调查队（统计局）名单（14个）：萧山、余杭、余姚、秀洲、嘉善、海盐、平湖、南浔、长兴、上虞、诸暨、衢江、龙游、江山。

三、青田县农产量（农业）调查样本点

（一）1985年至1989年农产量调查样本点：10个乡镇、20个行政村。

序号	乡镇	行政村	辅助调查员
01	海口乡	泗洲埠	朱 环
02	海口乡	南 岸	廖 光
03	海溪乡	正教寺	王爱玲
04	海溪乡	乌 楼	朱友池
05	张口乡	张 口	张法松
06	张口乡	阜 口	黄明德
07	仁宫乡	下 岸	赖玲玲
08	仁宫乡	仁 宫	夏德标
09	东源乡	上 叶	叶品青
10	东源乡	东 源	叶 盛
11	方山乡	石 前	裘龙杰
12	方山乡	根 头	林华飞
13	北山乡	黄 库	吴永金
14	北山乡	北 山	杜光朝
15	东岸乡	洲 头	尹兴平

16	东岸乡	大垟下	朱振南
17	高湖乡	高　湖	叶伯谦
18	高湖乡	角　坑	赵平民
19	鹤城镇	圩　仁	陈宝英
20	鹤城镇	石　下	徐志忠

注：1988 年，仁宫乡下岸村的调查员赖玲玲更换为朱国新。

（二）1990 年至 1994 年农产量调查样本点：10 个乡镇、20 个行政村。1992 年实行"撤扩并"后乡镇名称有变动。

序号	乡　镇	行政村	辅助调查员	92 撤扩并后乡镇
01	贵岙乡	下　坑	张显夫	贵岙乡
02	贵岙乡	占　岙	叶志挺	贵岙乡
03	芝溪乡	垟　肚	余海珍	船寮镇
04	芝溪乡	上　本	洪焕南	船寮镇
05	湖边乡	湖　边	陈定敏	鹤城镇
06	湖边乡	南　岸	留呈儿	鹤城镇
07	阜山乡	红富垟	傅建毅	阜山乡
08	阜山乡	陈　宅	陈炳文	阜山乡
09	王岙乡	大弄底	赵进康	舒桥乡
10	王岙乡	叶　店	温建平	舒桥乡
11	高湖乡	高　湖	叶伯谦	高湖乡
12	高湖乡	西　圩	季灿雄	高湖镇
13	东源乡	东　源	叶　盛	东源镇
14	东源乡	红　光	马伯如	东源镇
15	北山乡	北　山	杜光朝	北山镇

16	北山乡	黄　库	吴永金	北山镇
17	张口乡	张　口	张法松	北山镇
18	张口乡	阜　口	黄明德	北山镇
19	方山乡	根　头	林华飞	方山乡
20	方山乡	下　碓	郑言标	方山乡

注：1. 从1991年起，湖边乡湖边村的调查员陈定敏更换为陈志光；湖边乡的南岸村调查点更换为湖边乡的姜处村，调查员留呈儿更换为蒋冠光。2. 从1991年起，方山乡的根头村调查点更换为高市乡外村，调查员林华飞更换为陈海军；方山乡的下碓村调查点更换为高市乡底村，调查员郑言标更换为章卫元。3. 1992年乡镇撤扩并后，贵岙乡占岙村的调查员叶志挺更换为徐邦坤。4. 因调查员叶盛去世，从1993年起，东源镇东源村的调查员由叶肖忠接替。5. 1994年张口乡张口村的调查员张法松更换为张仕庆。

（三）1995年至1999年农产量调查样本点：10个乡镇，20个行政村。

序号	乡　镇	行政村	辅助调查员
01	章村乡	上章村	孙玉林
02	章村乡	下章村	陈珍尧
03	海口镇	泗洲埠	殷松和
04	海口镇	东　江	虞家儒
05	高湖乡	高　湖	叶伯谦
06	高湖乡	西　圩	季灿雄
07	鹤城镇	湖　边	陈志光

08	鹤城镇	姜 处	蒋冠光
09	贵岙乡	下 坑	张显夫
10	贵岙乡	小双坑	徐邦坤
11	舒桥乡	叶 店	温建平
12	舒桥乡	大弄底	赵进康
13	船寮镇	垟 肚	余海珍
14	船寮镇	上 本	洪焕南
15	季宅乡	黄放口	叶志新
16	季宅乡	华 坦	叶廷松
17	北山镇	北 山	杜光朝
18	北山镇	黄 库	吴永金
19	海溪乡	西 园	刘根林
20	海溪乡	横圩岗	刘根林

（四）2000年至2004年农产量调查样本点：10个乡镇，20个行政村。

序号	乡 镇	行政村	辅助调查员
01	舒桥乡	叶 店	温建平
02	舒桥乡	大弄底	赵海祖
03	海口镇	济 头	兰松青
04	海口镇	东 江	虞家儒
05	万山乡	光乍坑	潘官谷
06	万山乡	孙 阔	罗佐彬
07	季宅乡	引 坑	陈凤水
08	季宅乡	三 房	陈民东

09	鹤城镇	姜　处	蒋冠光
10	鹤城镇	湖　边	陈泽敏
11	贵岙乡	小双坑	孙永善
12	贵岙乡	下　坑	张显夫
13	仁宫乡	仁　宫	夏建荣
14	仁宫乡	密　溪	蒋灵东
15	章旦乡	兰　头	金焕清
16	章旦乡	章　旦	留建华
17	仁庄镇	仁　庄	金灵康
18	仁庄镇	小　令	洪廷光
19	方山乡	石门头	林宗民
20	方山乡	下　碓	郑言标

（五）2005年至2009年农产量调查样本点：10个乡镇，20个行政村。

序号	乡　镇	行政村	辅助调查员
01	舒桥乡	叶　店	温建平
02	舒桥乡	大弄底	赵海祖
03	海口镇	济　头	兰松青
04	海口镇	东　江	虞家儒
05	万山乡	光乍坑	潘官谷
06	万山乡	孙　阔	罗祖彬
07	季宅乡	引　坑	陈凤水
08	季宅乡	季　宅	陈民东
09	鹤城镇	姜　处	蒋冠光

10	鹤城镇	湖　边	陈泽敏
11	贵岙乡	小双坑	孙永善
12	贵岙乡	下　坑	张显夫
13	仁宫乡	仁　宫	夏建荣
14	仁宫乡	密　溪	蒋灵东
15	章旦乡	兰　头	金焕清
16	章旦乡	章　旦	留建华
17	仁庄镇	仁　庄	金灵康
18	仁庄镇	小　令	洪廷光
19	方山乡	石门头	林宗民
20	方山乡	下　碓	郑言标

（六）2010 年至 2014 年农产量调查样本点：16 个乡镇，17 个行政村。

序号	乡　镇	行政村	辅助调查员
01	鹤城镇	湖　边	蒋冠光
02	海口镇	海　口	兰松青
03	季宅乡	季　宅	陈民东
04	季宅乡	引　坑	陈凤水
05	海溪乡	西　园	刘根林
06	舒桥乡	叶　店	温建平
07	舒桥乡	大弄底	赵海祖
08	方山乡	下　碓	郑言标
09	仁庄镇	小　令	洪廷光
10	贵岙乡	下　坑	张显夫
11	仁宫乡	仁　宫	夏建荣
12	章旦乡	兰　头	金正敏

13	高湖镇	高湖	叶伯谦
14	船寮镇	垟肚	余海珍
15	阜山乡	周宅	周雄标
16	祯旺乡	祯旺	金邦妙
17	万山乡	孙阔	罗佐彬

（七）2015 年至 2021 年农产量调查样本点：13 个乡镇，15 个行政村。

序号	乡　镇	行政村	辅助调查员
01	鹤城镇	湖边	蒋冠光
02	海口镇	海口	兰松青
03	海口镇	南岸	廖光
04	季宅乡	季宅	陈民东
05	季宅乡	引坑	陈凤水
06	舒桥乡	叶店	温建平
07	章旦乡	兰头	金正敏
08	贵岙乡	下坑	张碎立
09	万山乡	陈吾寮	陈如明
10	海溪乡	西园	刘根林
11	船寮镇	垟肚	余海珍
12	高湖镇	高湖	季育平
13	阜山乡	前王	王贵雄
14	高市乡	水碓基	卓伯新
15	腊口镇	大坑	林勤勇

第三节 农经抽样调查

（从 1985 年开始）

农经调查从 1985 年开始。在开始阶段，只对 3 个乡镇的第三产业发展情况、农村固定资产拥有情况、劳动力情况等进行调查，其业务一般由乡镇统计员帮助完成，为季报和年报。从 1995 年开始，抽样的样本点增加到 10 个乡镇。1998 年增加对两个菜市场主要农产品的价格调查。2000 年增加到 27 个乡镇和 270 户农户的调查。从 2013 年开始，增加工业生产者价格调查专业。从 2014 年开始，增加农产品和中间消耗调查专业。从 2015 年开始，增加采购经理指数调查专业。从 2017 年开始，专门开设劳动力调查专业。

农经调查样本点

（一）1985 年农经调查样本点：

1. 第三产业发展情况调查样本点：3 个乡。

序号	乡 镇
01	高湖乡
02	前仓乡
03	海口乡

2. 劳动力调查样本点：3 个乡。

序　号	乡　镇
01	东源乡
02	北山乡
03	海溪乡

3. 农村固定资产拥有情况调查样本点：3 个乡。

序　号	乡　镇
01	东源乡
02	北山乡
03	海溪乡

（二）1988 年农经调查样本点：9 个乡。

序　号	乡　镇	辅助调查员
01	东岸乡	廖静影
02	浮弋乡	刘定华
03	阜山乡	张炳泉
04	油竹乡	王海环
05	东江乡	朱松夫
06	芝溪乡	孙祖坚
07	仁庄乡	吴　敏
08	东源乡	陈　瑜
09	季宅乡	叶素青

（三）1990 年农经调查样本点：3 个乡。

序号	乡　镇
01	高湖乡
02	张口乡
03	北山乡

（四）1994 年粮食监测调查样本点：3 个。

序号	单　位
01	鹤城镇粮油门市部
02	鹤城镇粮食加工厂粮店
03	夏金翠米店

（五）1995 农经调查点：10 个乡镇

序号	乡　镇	辅助调查员
01	鹤城镇	陈财斌
02	温溪镇	陈　芬
03	高湖镇	周江峰
04	船寮镇	孙祖坚
05	海口镇	叶海美
06	北山镇	张晓静
07	章村乡	徐勇峰
08	章旦乡	金焕清
09	贵岙乡	厉玉微
10	方山乡	麻小仲

（六）1998 年主要农产品价格调查样本点：2 个

序号	单　位
01	鹤城镇中心菜市场
02	东源镇东源村菜市场

（七）1999 年农经调查样本点：3 个乡镇，5 个行政村。

序号	乡　镇	行政村	辅助调查员
01	章旦乡	章　旦	留建华
02	仁庄镇	金　垟	金贤康
03	仁庄镇	小　令	洪廷光
04	方山乡	石门头	林宗民
05	方山乡	下　碓	郑言标

（八）2000 年农经调查样本点：27 个乡镇：27 个行政村。

序号	乡　镇	行政村	辅助调查员
01	海口镇	高　沙	朱彩林
02	仁庄镇	小　令	徐青科
03	万山乡	孙　阔	罗东彬
04	季宅乡	华　坦	叶金雄
05	祯旺乡	祯　旺	金邦淼
06	祯埠乡	小　群	李小伟
07	石帆乡	虞　宅	洪先平
08	北山镇	北　山	张晓静
09	岭根乡	小　吾	王伯亮
10	万阜乡	万　阜	华高丁
11	方山乡	下　碓	周品华

12	汤垟乡	小 佐	邱建华
13	贵岙乡	贵 岙	郑成信
14	小舟山乡	小舟山	郑定波
15	吴坑乡	吴 坑	徐红珍
16	仁宫乡	大 奕	王祖茂
17	石溪乡	国 垟	曾碎南
18	双垟乡	岭 康	徐宋业
19	章旦乡	兰 头	金焕清
20	阜山乡	周 宅	周雄标
21	巨浦乡	范 村	王万洪
22	高湖镇	高 湖	叶伯谦
23	船寮镇	垟 肚	余海珍
24	温溪镇	大垟下	朱振乾
25	腊口镇	浮 弋	吕明清
26	海溪乡	西 园	刘根林
27	山口镇	油竹下村	徐海周

（九）2001 年农经调查样本点：

序号	乡 镇	辅助调查员
01	章旦乡	金焕清
02	船寮镇	孙祖坚
03	海口镇	朱松夫
04	北山镇	徐晓军
05	祯埠乡	刘毅军
06	季宅乡	舒光华

（十）2010 年农经调查样本点：

序号	乡　镇	辅助调查员
01	腊口镇	黄法明
02	高湖镇	叶伯谦
03	海口镇	陈永岩
04	祯旺乡	金邦淼
05	章村乡	陈建良
06	祯埠乡	蒋启平
07	舒桥乡	肖　朋

第四节
畜牧业（主要畜禽监测）抽样调查

（从 2000 年开始，2017 年改为主要畜禽监测调查）

一、浙江省主要畜禽监测调查统计报表制度

为及时收集、整理、提供主要畜禽监测调查资料，根据国家统计局制定的《农林牧渔业统计调查制度（2015 年统计年报和 2016 年定期报表）》实施要求及其他有关规定，并结合我省开展的畜牧业抽样调查实际，制定我省《主要畜禽监测调查统计报表制度（2015 年统计年报和 2016 年定期报表）》，颁发施行。

（一）由各有关市、县（市、区）调查队（统计局）负责按照本制度统一规定和上报要求填报报表和上报相应材料，并组织好抽中乡（镇）、村、户的调查工作。

（二）本制度实施的报表分三个部分：1. 年报表；2. 定报表；3. 基层台账。生猪、家禽规模户年季报监测调查和牛、羊监测调查由 11 个市调查队组织实施；生猪、家禽散养户监测调查由余杭等 22 个市、县（市、区）调查队（统计局）（名单见附件）组织实施。杭州市萧山区、嘉兴市南湖区、嘉善县、义乌市、衢州市衢江区、江山市统计局（调查队）独立实施生猪调出大县生猪规模和散养户监测调查。

（三）报表的填报要求：填写报表时，应根据报表要求在左上

角单位处写明"县（市）、乡（镇）、村、户名、户码"等。凡表头有月（季）度的报表，应准确填写月（季）度。

（四）调查要求：1.凡调查户数据必须入户访问调查取得；2.生猪、家禽规模户、散养户及牛羊规模户（今年已经增加牛羊规模户的分户调查）调查台账必须如实按调查要求登记。

（五）报表上报要求：各调查表均只需上报电子数据，核实调查样本是否全部开展调查后所有上报数据经过严格审查，并按规范化要求上报总队。所有基层表（包括台账）均必须保存一份在市、县（市、区）调查队（统计局）。

（六）数据分析材料及调查信息分析上报要求：原则上在上报调查表时，均需同时上报简要的文字分析材料，材料要求点、面结合，讲清增减原因。全年调查信息分析材料各设区市不少于3篇，各县（市、区）不少于2篇。

（七）本制度小数点留位以各表下注为准，没有说明的均保留一位小数。

（八）电子数据上报可采用FTP或电子邮箱方式，FTP地址：FTP://10.33.66.101/商业和投资建筑业调查处/上报；电子邮箱地址：zd-stc@zj.stats.cn。

附件：承担畜牧业散养户抽样调查市、县（市、区）调查队（统计局）名单（22个）

生猪：桐庐、宁海、永嘉、南湖区、嘉善县、长兴县、嵊州、东阳、衢江区、江山市、临海、龙泉；

家禽：余杭、桐庐、慈溪市、永嘉、海盐县、长兴县、诸暨、嵊州、东阳、龙游县、临海、青田。

二、青田畜牧业（主要畜禽监测）调查样本点

（一）2000年畜牧业调查点：9个村

序号	乡镇	行政村	辅助调查员
01	温溪镇	寺下	
02	温溪镇	龙叶	
03	船寮镇	上合	
04	船寮镇	白岸	
05	船寮镇	洪峇	
06	腊口镇	坑口	
07	北山镇	叶段	
08	祯埠乡	锦水	
09	石帆乡	瑶均	

（二）2001至2005年畜牧业调查样本点：

猪的调查点：10个村

序号	乡镇	行政村	辅助调查员
01	万山乡	孙阔	罗佐彬
02	仁庄镇	阮垟	
03	海口镇	济头	兰松青
04	章旦乡	兰头	金焕清
05	章旦乡	朱垟	
06	季宅乡	引坑	陈凤水
07	贵峇乡	孙坑	孙永善
08	舒桥乡	叶店	留志钢
09	方山乡	周峇	周品华
10	鹤城镇	湖边	

牛的调查点：10个村

序号	乡镇	行政村	辅助调查员
01	鹤城镇	姜处	蒋冠光
02	季宅乡	引坑	陈凤水
03	季宅乡	三房	陈民东
04	章旦乡	兰头	金焕清
05	方山乡	下碓	周品华
06	章旦乡	朱垟	
07	舒桥乡	叶店	
08	仁庄镇	金垟	金贤康
09	仁宫乡	钓滩	
10	仁宫乡	仁宫	夏建雄

禽的调查点：10个村

序号	乡镇	行政村	辅助调查员
01	万山乡	孙阔	罗佐彬
02	仁庄镇	阮垟	
03	海口镇	济头	兰松青
04	章旦乡	兰头	金焕清
05	章旦乡	朱垟	
06	季宅乡	引坑	陈凤水
07	贵岙乡	孙坑	孙永善
08	舒桥乡	叶店	留志钢
09	方山乡	周岙	周品华
10	仁宫乡	仁宫	夏建雄

（三）2006 年至 2011 年畜牧业散养户调查样本点（15 个）

序号	乡镇	行政村	辅助调查员
01	鹤城镇	黄降	金伟平
02	船寮镇	业鸟	金小玲
03	船寮镇	垟肚	余海珍
04	海口镇	东江	黄晓雄
05	海口镇	南岸	朱玉民
06	腊口镇	平斜	项必平
07	腊口镇	腊口	王雪文
08	季宅乡	引坑	陈凤水
09	章村乡	上寮	毛石花
10	舒桥乡	箬鸟	陶进火
11	舒桥乡	叶村	叶旭军
12	舒桥乡	王岙	郑根廷
13	汤垟乡	小佐	杨泉标
14	祯埠乡	祯埠	金崇成
15	巨浦乡	下湾	林民先

（四）2012 至 2017 年畜牧业散养户调查样本点（15 个）

序号	乡镇	行政村	辅助调查员
01	鹤城镇	黄降	金伟平
02	船寮镇	业鸟	金小玲
03	船寮镇	垟肚	余海珍
04	海口镇	东江	黄晓雄
05	海口镇	南岸	朱玉民
06	腊口镇	平斜	项必平

07	腊口镇	腊口	王雪文
08	季宅乡	引坑	陈凤水
09	章村乡	上寮	毛石花
10	舒桥乡	箬鸟	陶进火
11	舒桥乡	叶村	叶旭军
12	舒桥乡	王岙	郑根廷
13	汤垟乡	小佐	杨泉标
14	祯埠乡	祯埠	金崇成
15	巨浦乡	下湾	林民先

（五）2018 年生猪规模养殖调查样本名录（5 个）

序号	街道乡镇	行政村	养殖企业及专业户
01	鹤城街道	仁塘湾	青田县瓯青农业开发有限公司
02	船寮镇	船寮	浙江科源农业有限公司
03	海口镇	南江	浙江欣宏源生态养殖有限公司
04	阜山乡	垟村	青田县阿金畜禽养殖有限公司
05	吴坑乡	泉城	娄佳强养殖专业户

（六）2018 年家禽散养户调查样本名录（10 个）

序号	街道乡镇	行政村	辅助调查员
01	船寮镇	箬鸟	金小玲
02	船寮镇	垟肚	余海珍
03	海口镇	东江	黄晓雄
04	腊口镇	平斜	项必平
05	腊口镇	腊口	王雪文

06	季宅乡	引坑	陈风水
07	章村乡	上寮	毛石花
08	舒桥乡	箬鸟	陶进火
09	舒桥乡	叶村	叶旭军
10	汤垟乡	小佐	杨泉标

（七）2019 年畜禽大型养殖企业调查样本名录（10 个）

序号	街道乡镇	行政村	大型养殖企业
01	鹤城街道	城北	青田县芸旺畜禽专业合作社（猪）
02	瓯南街道	大李	青田盛利生态养殖专业合作社（猪）
03	船寮镇	船寮	青田科源农业开发有限公司（猪）
04	海口镇	南江	浙江欣宏源生态养殖有限公司（猪）
05	贵岙乡	贵岙	寿彩养殖专业合作社（猪）
06	阜山乡	垟村	青田阿金畜禽养殖有限公司（猪）
07	季宅乡	皇山	青田以马内利畜禽养殖有限公司（牛）
08	温溪镇	新村	青田县层林山羊养殖专业合作社（羊）
09	温溪镇	新村	青田县三个脑畜禽养殖专业合作（羊）
10	高湖镇	桐川	青田县立松畜禽养殖专业合作社（禽）

（八）2020 年生猪养殖调查样本名录（60 个）

序号	街道乡镇	行政村	养殖企业及专业户
01	鹤城街道	城北	青田县芸旺畜禽专业合作社
02	鹤城街道	石臼	青田餐餐农业开发有限公司
03	瓯南街道	大李	青田盛利生态养殖专业合作社
04	瓯南街道	郑坑下	青田欣宏源生态养殖有限公司

05	瓯南街道	朱金	叶苏民
06	油竹街道	雅岙	王国全
07	东源镇	五星	京雄家庭养殖场
08	东源镇	周庄	青田福业畜禽养殖合作社
09	东源镇	周济	青田县琦腾农业开发有限公司
10	高湖镇	五源山	浙江绿梦家庭农场有限公司
11	高湖镇	五源山	青田县黄玉波农业开发有限公司
12	高湖镇	旦头山	青田县玲珠畜禽养殖专业合作社
13	船寮镇	船寮	浙江科源农业开发有限公司
14	船寮镇	大路	青田县鑫国生态农业发展有限公司
15	船寮镇	石盖口	青田县邱旭平家庭农场
16	船寮镇	徐岙	鑫旺养殖场
17	船寮镇	上本	洪伟君
18	海口镇	南江	浙江欣宏源生态农业有限公司
19	海口镇	鹿山	李建峰
20	海门镇	鹿山	青田县邦伟畜禽养殖专业合作社
21	海口镇	鹿山	青田县高山红果蔬合作社
22	腊口镇	阳山	青田县阳山红梅家庭农场
23	腊口镇	上京	青田县上京畜禽养殖专业合作社
24	腊口镇	大坑	青田李笑燕农业开发有限公司
25	腊口镇	大坑	青田秀荣畜禽养殖场
26	腊口镇	张庄	绿江畜禽养殖专业户
27	腊口镇	吴山	丽水市和天宸农业开发有限公司
28	腊口镇	张庄	青田邦龙畜禽养殖专业户
29	仁庄镇	东坪	东坪村养殖场

30	仁庄镇	垟心	青田县陈冠周家庭农场
31	仁庄镇	夏严	青田县金君理家庭农场
32	祯埠乡	锦水	青田县迎豪养殖专业合作社
33	黄垟乡	底黄垟	青田县新强畜禽养殖专业合作社
34	季宅乡	潘山	青田县进光田鱼养殖专业合作社
35	季宅乡	潘山	青田县麻爱英畜禽养殖专业合作社
36	季宅乡	引坑	青田锦鹏农牧业专业合作社
37	海溪乡	马岙	青田旭飞畜牧养殖专业合作社
38	海溪乡	龙须	青田竹彬畜牧养殖专业合作社
39	章村乡	王金	青田县中迪农场
40	章村乡	黄寮	青田县王书荣畜禽养殖专业合作社
41	章村乡	黄寮	青田县大坪畜禽养殖专业合作社
42	章村乡	章村	青田县顺心家庭农场
43	章村乡	章村	青田县旺都畜禽养殖专业合作社
44	章村乡	章村	青田县吴照龙家庭农场
45	章村乡	章村	青田县清水畜禽养殖专业合作社
46	章村乡	章村	青田县张君勇家庭农场
47	章村乡	章村	青田县周益军家庭农场
48	舒桥乡	王岙	王丽伟
49	舒桥乡	九源	管发甫
50	舒桥乡	根山	管水彩
51	舒桥乡	章岙	章丽庆
52	万阜乡	云山背	杨胡彪
53	方山乡	周岙	青田县千亩梯田家庭农场
54	贵岙乡	下贵	寿彩养殖专业合作社

55	贵岙乡	红仕	青田县尚峰畜禽养殖专业合作社
56	小舟山乡	新建	青田县千斤之家养殖厂
57	吴坑乡	泉城	青田富丰养殖场
58	章旦乡	章旦	青田县新源家庭农场
59	阜山乡	吴庄	青田县阿金畜禽养殖有限公司
60	阜山乡	龙隐	岭峰畜禽养殖专业合作社

（九）2021年生猪养殖调查样本名录（60个）

序号	街道乡镇	行政村	养殖企业及专业户
01	鹤城街道	城北	青田县芸旺畜禽专业合作社
02	鹤城街道	石臼	青田餐餐农业开发有限公司
03	瓯南街道	郑坑下	青田欣宏源生态养殖有限公司
04	瓯南街道	朱金	叶苏民
05	油竹街道	雅岙	王国全
06	东源镇	五星	京雄家庭养殖场
07	东源镇	周庄	青田福业畜禽养殖合作社
08	东源镇	周济	青田县琦腾农业开发有限公司
09	高湖镇	五源山	浙江绿梦家庭农场有限公司
10	高湖镇	五源山	青田县黄玉波农业开发有限公司
11	高湖镇	旦头山	青田县玲珠畜禽养殖专业合作社
12	船寮镇	船寮	浙江科源农业开发有限公司
13	船寮镇	大路	青田县鑫国生态农业发展有限公司
14	船寮镇	石盖口	青田县邱旭平家庭农场
15	船寮镇	徐岙	鑫旺养殖场
16	船寮镇	上本	洪伟君

17	海口镇	南江	浙江欣宏源生态农业有限公司
18	海口镇	鹿山	李建峰
19	海口镇	鹿山	青田县邦伟畜禽养殖专业合作社
20	海口镇	鹿山	青田县高山红果蔬合作社
21	腊口镇	阳山	青田县阳山红梅家庭农场
22	腊口镇	上京	青田县上京畜禽养殖专业合作社
23	腊口镇	大坑	青田李笑燕农业开发有限公司
24	腊口镇	大坑	青田秀荣畜禽养殖场
25	腊口镇	张庄	绿江畜禽养殖专业户
26	腊口镇	吴山	丽水市和天宸农业开发有限公司
27	腊口镇	张庄	青田邦龙畜禽养殖专业户
28	仁庄镇	东坪	东坪村养殖场
29	仁庄镇	垟心	青田县陈冠周家庭农场
30	仁庄镇	夏严	青田县金君理家庭农场
31	祯埠乡	锦水	青田县迎豪养殖专业合作社
32	黄垟乡	底黄垟	青田县新强畜禽养殖专业合作社
33	季宅乡	潘山	青田县进光田鱼养殖专业合作社
34	季宅乡	潘山	青田县麻爱英畜禽养殖专业合作社
35	季宅乡	引坑	青田锦鹏农牧业专业合作社
36	海溪乡	马岙	青田旭飞畜牧养殖专业合作社
37	海溪乡	龙须	青田竹彬畜牧养殖专业合作社
38	章村乡	王金	青田县中迪农场
39	章村乡	黄寮	青田县王书荣畜禽养殖专业合作社
40	章村乡	黄寮	青田县大坪畜禽养殖专业合作社
41	章村乡	章村	青田县顺心家庭农场

42	章村乡	章村	青田县旺都畜禽养殖专业合作社
43	章村乡	章村	青田县吴照龙家庭农场
44	章村乡	章村	青田县清水畜禽养殖专业合作社
45	章村乡	章村	青田县张君勇家庭农场
46	章村乡	章村	青田县周益军家庭农场
47	舒桥乡	王岙	王丽伟
48	舒桥乡	九源	管发甫
49	舒桥乡	根山	管水彩
50	舒桥乡	章岙	章丽庆
51	万阜乡	云山背	杨胡彪
52	方山乡	周岙	青田县千亩梯田家庭农场
53	方山乡	周岙	青田县林仲平家庭农场
54	贵岙乡	下贵	寿彩养殖专业合作社
55	贵岙乡	红仕	青田县尚峰畜禽养殖专业合作社
56	小舟山乡	新建	青田县千斤之家养殖厂
57	吴坑乡	泉城	青田富丰养殖场
58	章旦乡	章旦	青田县新源家庭农场
59	阜山乡	吴庄	青田县阿金畜禽养殖有限公司
60	阜山乡	龙隐	岭峰畜禽养殖专业合作社

注：2021 年我县生猪养殖调查样本比 2020 年少一个瓯南街道大李村的青田盛利生态养殖专业合作社，增加一个方山乡周岙村的青田县林仲平家庭农场。其他完全一样。

第五节　工业生产者价格抽样调查

（从 2013 年开始）

一、总说明

（一）为了了解各地工业生产者价格变动情况，编制全国工业生产者价格指数，根据《中华人民共和国统计法》的规定，制定本报表制度。

（二）本报表制度是国家统计调查的一部分，是国家统计局对各省（区、市）开展工业生产者价格统计调查的统一要求。各地必须按照全国统一规定的统计范围、计算方法、统计口径和填报目录，认真组织实施，按时报送。

（三）本报表制度的调查范围为所选中的工业企业。统计内容包括出厂价格和购进价格。

（四）本报表制度主要内容包括调查表式、调查方案、调查目录和指标解释。

（五）本报表制度由国家统计局负责解释。

二、工业生产者价格调查方案

（一）调查目的

工业生产是社会再生产的重要组成部分。在我国，工业部门是国民经济中所占比重较高的生产部门，其发展速度、规模、效益以及生产结构的调整直接影响着国民经济的发展。

工业生产者价格包括工业企业产品第一次出售时的出厂价格和企业作为中间投入的原材料、燃料、动力购进价格（下简称工业生产者购进价格）。工业生产者价格调查的目的在于及时、准确、科学地反映各工业行业产品价格水平及其变化趋势和变动幅度，为国民经济核算、宏观经济分析和调控、理顺价格体系等提供科学、准确的依据。

（二）调查任务

1. 调查工业生产者出厂价格及购进价格。

2. 编制全国及各省（区、市）工业生产者出厂价格总指数及各种分类指数，工业生产者购进价格总指数及各种分类指数，反映工业生产者出厂价格和购进价格的变化趋势及变动幅度。

3. 为国民经济核算提供分行业价格指数。

4. 结合工业经济情况和相关经济活动，开展统计分析，及时反映工业生产及市场中的新情况、新问题，为各级党政领导和管理部门宏观决策提供服务。

5. 向社会发布工业生产者价格信息，为社会公众提供咨询服务。

（三）调查方式、调查日期和调查内容

1. 工业生产者价格调查采用重点调查与典型调查相结合的调查方法。根据代表性原则，抽选年主营业务收入 2000 万元以上的企业作为调查对象。经国家统计局审定，可酌情补充部分年主营业务收入 2000 万元以下的企业。

2. 工业生产者价格调查实行月报，调查日期为调查月的 5 日和 20 日。

3. 工业生产者价格调查内容包括报告月调查日的工业生产者出厂价格和购进价格及相应的基期价格。

企业上报的报表包括报告期单价和上月平均单价，产品报告期单价为报告月 5 日、20 日两次所采单价的简单算数平均值。对于报表中的产品代码、产品名称、质量特征等内容都要认真填报。

工业生产者出厂价格统计调查 41 个工业行业大类，207 个工业行业中类，666 个工业行业小类的工业产品。根据我国工业企业产品的实际销售情况，从《统计用产品分类目录》中选定有代表性的工业产品，并将其划分为 1310 个基本分类。

工业生产者购进价格调查项目由上述出厂调查目录的大部分和部分农副产品两部分组成，确定为 854 个基本分类。

各省、自治区、直辖市执行全国统一的分类标准。详见《工业生产者出厂价格调查目录》和《工业生产者购进价格调查目录》。

（四）调查资料的上报方式、上报内容和上报时间

工业生产者价格调查资料的上报采取联网直报方式，严格按照本制度各报表规定的调查内容、上报时间报送数据。具体时间要求如下：

基层定报表（企业报表）通过一套表联网直报平台上报，报送时间为开网后 4 日内，关网时间为 1、2、4、9、10 月 28 日，其他月 29 日 18:00 点前。

市级调查队综合定报表通过网络传输上报，报送时间为报告月 28 日，特殊情况另行通知。

三、青田县工业生产者价格抽样调查企业名录（9个）

1.浙江青山钢铁有限公司　调查员钟梦影

2.意尔康股份有限公司　　调查员吴文龙

3.浙江三辰电器有限公司（2014年新增）调查员余久芬

4.丽水市神飞利益保安用品有限公司（2014年新增）调查员谢双芝

5.浙江青山钢管有限公司（2015年新增）调查员王斌

6.浙江瑞浦科技有限公司（2015年新增）调查员陈慧燕

7.浙江欧影包装有限公司（2020年7月新增）调查员郑云花

8.浙江爽凯汽车空调有限公司（2020年7月新增）调查员叶孝莲

9.青田锦汇纺织线有限公司（2020年7月新增）调查员黄彩微

第六节　农产品和中间消耗抽样调查

（2014 年开始）

一、农产品中间消耗调查制度说明

（一）为客观反映主要农产品中间消耗水平，满足农业经济核算和分析、反映农业生产效益的需要，为各级政府制定政策、实施管理与调控提供决策依据，向社会各界提供优质的信息咨询服务，依照《中华人民共和国统计法》的规定，制定本统计调查制度。

（二）本统计调查制度属于国家统计调查，是国家统计局对各省、自治区、直辖市统计局，新疆生产建设兵团统计局，国家统计局各调查总队的综合要求。各地应按照本制度规定的统计范围、统计口径、计算方法，认真组织实施。

（三）本统计调查制度的主要内容包括：农牧渔业中间消耗统计和主要农产品中间消耗调查。

（四）本统计调查制度到实施范围，农林牧渔业中间消耗统计范围与农林牧渔业产值统计范围一致，为各省、自治区、直辖市一级新疆生产建设兵团所属的各种类型经济组织、各个系统的全部农林牧渔业生产单位和非农行业单位附属的农林牧渔业生产活动单位。

（五）本统计调查制度报告期分为年度报表和定期报表，年度报表采取全面统计方法取得数据，主要农产品中间消耗为季度报表，采取抽样调查和典型调查相结合的方法取得数据。

（六）本报表制度实行全国统计分类标准和统一编码，各级统计部门和业务主管部门必须严格贯彻执行。各省、自治区、直辖市统计局和国务院主管部门可在本报表制度中增加个别指标和在统计目录中补充个别品种，但不得打乱指标的排列顺序和改变统一编码。

二、农产品生产者调查样本名录（35个）

1. 章作钦

2. 万阜刘宝兰专业合作社（刘宝兰）

3. 欧侨农业有限公司（朱素佩）

4. 青田县赛广农业开发有限公司（张赛广）

5. 青田县源圆果蔬种植专业合作社（张海弟）

6. 朱根彩

7. 青田县锦鹏农牧业合作社（饶马军）

8. 王伟平

9. 杨明松

10. 油钢油茶种植专业合作社（吴龙祥）

11. 刘建根

12. 叶友彬

13. 青田县陈良旺木材加工厂

14. 赖建斌

15. 蒋 宏

16. 曾邦来

17. 陈品青

18. 陈元青

19. 洪国富

20. 青田愚公农业科技有限公司（田秀英）

21. 青田县神爱茶叶种植专业合作社（夏爱平）

22. 青田县联众果蔬种植专业合作社

23. 洪华民家庭农场

24. 陶进火

25. 黄明春

26. 应云奶

27. 朱根成

28. 吴立群（田鱼村农庄）

29. 吴勇强（半亩鱼宿）

30. 小金果蔬专业合作社

31. 青田轩德皇菊开发有限公司

32. 阜垟农林业开发有限公司

33. 青田县腊口志富木制品厂

34. 丰和渔业

35. 青田上斜农业综合开发有限公司

三、主要农产品中间消耗调查名录（2个）

1. 青田县锦鹏农牧业合作社（吴民兰）赖建斌

2. 浙江科源农业开发有限公司（季君倪）曾邦来

第七节 采购经理指数抽样调查

（从 2015 年开始）

一、总说明

（一）调查目的：采购经理指数（PMI）是国际上通行的宏观经济监测指标，是衡量经济发展的重要指针，也是全球备受关注的先行指标之一。为了编制中国采购经理指数，加强对国民经济活动的监测与预警能力，为国家宏观调控和企业生产经营提供参考依据和咨询建议，依照《中华人民共和国统计法》的规定，结合国际通行规则，制定本调查制度。

（二）调查范围：制造业和非制造业法人单位以及视同法人的产业活动单位。采购经理调查覆盖国民经济的主要行业，包括制造业，建筑业，批发和零售业，交通、运输仓储和邮政业，住宿和餐饮业，信息传输、软件和信息技术服务业，金融业，房地产业，租赁和商务服务业，科学研究和技术服务业，水利环境和公共设施管理业，居民、服务修理和其他服务业，教育，卫生和社会工作，文化、体育和娱乐业。

（三）调查对象：上述调查范围内的各法人单位以及视同法人单位进行统计的产业活动单位。

制造业企业的采购（或供应）经理，即企业主管采购业务活动的副总经理或负责企业原材料采购（包括能源、中间产品、半成品和零部件）的部门经理。非制造业企业主管运营的负责人或采购（或供应）经理。

（四）调查内容：单位的基本情况，包括单位详细名称、组织机构代码、法定代表人、联系电话、详细地址、区划代码、邮政编码、登记注册类型、国有控股情况、单位规模、行业代码、2020 年营业收入、主营业务收入、资产总计、年末从业人员和主要业务活动等。

制造业企业的采购（或供应）经理对企业经营、采购及其相关业务活动情况的判断，主要包括对企业生产、订货、采购、价格、库存、人员、供应商配送、采购方式、市场预期等情况的判断，以及企业生产经营和采购过程中遇到的主要问题及建议。

非制造业企业主管运营的负责人或采购（或供应）经理对企业经营、采购及相关业务活动情况的判断，主要包括对业务总量、新订单（客户需求）、存货、价格、从业人员、供应商配送、市场预期等情况的判断，以及企业经营和采购过程中遇到的主要问题及建议。

（五）调查方法：本调查为抽样调查，采用成比例概率抽样（PPS）方法。调查企业需填写：1.基层年报表式，即"企业基本情况调查表"；2.基层定报表式，即"制造业采购经理调查问卷"和"非制造业采购经理调查问卷"。

（六）调查时间与方式：每月 22 日—25 日（16：00 前），通过网上直报（http://lwzb.stats.gov.cn）或移动终端报送。调查时间如遇节假日或与双休日重合，则作适当调整。

（七）对外发布：本制度取得的主要统计资料，月度国家级采购经理指数于月末最后一日通过国家统计（http://www.stats.gov.cn/）公布；月度省级采购经理指数可供本部门、省委、省政府内 部使用，不得对外发布。

（八）组织形式：国家统计局各调查总队负责催报和审核，国家统计局服务业统计司负责国家级采购经理调查数据汇总，调查总队负责省级采购经理调查数据汇总。各级统计局负责向调查队系统提供全国第四次经济普查资料，作为本调查抽样框。

各调查总队开展地方采购经理调查，如使用国家统一调查方案扩充样本，需上报国家统计局服务业统计司，纳入采购经理调查省级扩充样本分配表后执行。如不使用国家统一调查方案或有变更样本量的情况，调查总队应制定地方采购经理调查方案，上报国家统计局批准后执行。

（九）本制度由国家统计局服务业统计司组织实施，有关制度的修订工作由国家统计局负责。

二、青田采购经理指数调查的样本单位名录

（一）制造业采购经理指数调查企业名录

1. 浙江卓业能源装备有限公司

2. 青田梅昌强印钮创作有限公司

3. 青田美进家五金锁业有限公司

4. 青田展风鞋业有限公司

5. 意尔康股份有限公司

6. 青田星泽鞋业有限公司

7. 浙江青田卡洛斯鞋业有限公司

8. 青田保俐铸造有限公司

9. 浙江科源铸造有限公司

10. 浙江友邦铝业有限公司

11. 丽水市神飞利益保安用品有限公司

12. 青田欧融鞋业有限公司

13. 浙江科泰非织造布有限公司

14. 青田县康盛有色金属有限公司

15. 浙江杜梁橡塑有限公司

16. 浙江众鑫阀门铸造有限公司

17. 浙江双科阀门有限公司

18. 浙江青田青山钢管有限公司

（二）非制造业采购经理指数调查样本单位名录

1. 青田麦浪置业有限公司

2. 浙江青田中银富登华侨村镇银行有限责任公司

第八节　劳动力抽样调查

（从 2017 年开始）

一、制度

（一）调查目的

为及时、准确地反映我国城乡劳动力资源、就业和失业人口的总量、结构和分布情况，为政府准确判断就业形势，制定和调整就业政策，改善宏观调控，加强就业服务提供依据，根据《国务院办公厅关于建立劳动力调查制度的通知》（国办发〔2004〕72 号）以及国务院办公厅转发国家统计局等四部门关于加强分省劳动力调查工作的要求，制定劳动力调查方案。

（二）调查频率和范围

劳动力调查的频率为月度。

调查范围是我国 31 个省（区、市）的城镇和乡村地域。

（三）登记对象

劳动力调查以户为单位进行登记，既调查家庭户，也调查集体户。应在被抽中户中登记的人是：

1. 调查时点居住在本户的人；

2. 本户户籍人口中，已外出但不满半年的人。

（四）调查项目

劳动力调查项目分为住户信息、个人信息、工作情况和无工作情况4个模块。

1. 住户信息模块

户别、调查时点居住在本户的人口数、本户户籍人口中外出但不满半年的人口数。

2. 个人信息模块

姓名、与户主关系、性别、出生年月、户口登记地、住本户时间、户口所在家庭是否有农村土地承包经营权、婚姻状况、受教育程度、毕业时间。

3. 工作情况模块

您在调查时点前一周：是否为取得报酬工作过1小时以上、是否有工作但没上班、有工作但没上班的主要原因、1个月内是否会返回原工作、是否帮助家人生产经营无报酬工作1小时以上、是否有兼职、总共工作时间、主要工作时间、当前主要工作已干了多长时间、主要工作如何得到的、行业、职业、工作单位或生产经营活动类型、就业身份类型、是否签订劳动合同、是否缴纳社保、是否有带薪休假、是否主要依靠平台或中间商的订单进行生产或服务、是否是公司或个体经营的创建者、创建时间、创建单位从业人数、上月工作报酬或经营净收入、是否通过互联网开展或承接业务、是否想为增加收入工作更长时间、如有机会工作更长时间能否在2周内开始工作。

4. 无工作情况模块

是否具有劳动能力、近3个月是否找过工作、找工作主要方式、已找工作多长时间、不找工作的主要原因、如有合适的工作能否在2周内开始工作、暂时不能开始工作的主要原因、是否想工作、上一份工作结束时间、结束上一份工作的主要原因、上一份工作行业、上一份工作职业。

（五）调查时点

劳动力调查的标准时间为每月 10 日零时，入户登记时间为每月10 日—16 日。2022 年 2 月份标准时间为 15 日零时，入户登记时间为 15 日—20 日；10 月份标准时间为 15 日零时，入户登记时间为15 日—21 日。

（六）抽样方法和样本量

具体详见本制度第四部分《抽样方案》。

（七）调查的组织实施

1. 各级统计机构工作职责

国家统计局的职责。国家统计局人口和就业统计司负责劳动力调查方案的制定；负责各省（区、市）村级样本单位和样本户的抽取工作；负责与数管中心共同完成数据采集 PAD 程序和数据处理平台的研制；负责数据质量控制；负责全国和各省（区、市）调查数据的加权汇总；负责全国调查失业率相关数据的发布和解读工作。

各调查总队的职责。各省（区、市）调查总队相关处室负责指导抽中样本点的市级／副省级、县级统计调查机构完成样本点核实、摸底、样本框编制及维护工作；负责市级／副省级、县级统计调查机构人员的培训和调查业务指导；负责指导市级／副省级、县级统计调查机构做好调查员的选聘、培训和管理工作；负责数据质量控制；负责调查数据的审核、验收；负责本省（区、市）调查失业率相关数据的发布和解读工作；负责市级/副省级、县级统计调查机构业务工作考核。

市（地、州、盟）调查队的职责。各市（地、州、盟）调查队相关处/科室负责指导各县级统计调查机构做好调查员的选聘、培训和管理工作；负责指导各县级统计调查机构完成样本点核实、摸底、样本框编制工作；负责样本点维护管理工作；负责指导调查数据的编码、审核、验收；负责各县（市、区、旗）数据质量控制；负责将本市（地、州、盟）内所有县（市、区、旗）劳动力调查专业年度考核意见提供给调查总队和省统计局。

县（市、区、旗）调查队以及未设国家调查队的抽中县（市、区、旗）统计局的职责。负责调查员的选聘、培训和管理工作；负责指导调查员完成样本点核实、摸底、样本框编制工作；负责样本点维护管理工作；负责本辖区数据质量控制；负责本辖区调查数据的编码、审核、验收。

2. 调查员的选聘、培训和管理

调查员的选聘。调查员主要从政府统计系统和基层组织人员中选调，也可从社会上招聘。调查员的数量，原则上一个居（村）委会至少配备一名调查员。

调查员的培训和管理。各级统计调查机构要加强对调查员的培训，应尽可能减少培训层级，以提升培训效果，年度培训由市（地、州、盟）调查队直接对调查员进行。在培训过程中，除对调查项目和样本核实方法进行讲解外，还应注重加强对调查技巧的培训。调查员变动时，必须对新任调查员进行业务培训，不得由未经培训的人员承担调查任务。各级统计调查机构要加强对调查员工作的监督检查。

3. 宣传工作

入户登记前，要在社区张贴由国家统计局统一印制的劳动力调查公告，并将《致调查户的一封信》发放至调查户；入户登记时，要将宣传品发放至调查户。

4. 样本核实和入户登记

入户登记前，调查员对应调查的住户样本进行核实，如有变动应根据相关规则申请更换。入户登记时，要对被抽中的所有住户（住房单元）进行入户调查，对应在本户登记的人口不得漏登，对调查项目要仔细询问，认真核对，确保调查数据的质量。调查结束，完成逻辑审核后及时上报数据。

5. 质量控制

各级统计调查机构要做好全流程质量控制，规范调查基础工作，可采取电话核查、入户陪访、回访等形式加强督导检查。要严格数据审核，随报随审，对审核发现的疑点数据要再次核实确认。

6. 行业、职业编码

入户登记完成后，市县统计调查机构在联网直报平台上，对调查员填写的行业、职业信息进行编码。

7. 资料报送

每月 25 日前，各调查总队要将本月调查数据评估情况，调查工作基本情况报国家统计局人口和就业统计司。

8. 调查表中劳动报酬数据的使用

本调查中的劳动报酬数据仅供国家统计局分析就业质量时内部使用，各级统计调查机构不得对外提供。

（八）数据采集、报送和数据处理

劳动力调查使用手持电子移动终端（PAD）进行样本管理、任务分配和数据采集，并由调查员利用 PAD 通过联网直报平台（简称平台）将调查数据直接报送到国家统计局。上述各项工作时间节点安排如下：

1. 每月 3 日 17：00 前，调查员在 PAD 上接收当月调查样本清单。

2. 每月 9 日 17：00 前，调查员完成住户样本核实。

3. 每月 10—14 日，调查员持 PAD 入户调查登记。

4. 每月 15—19 日，市县统计调查机构在平台上进行职业编码，县级、市级／副省级、省级统计调查机构进行调查数据审核，并自下而上逐级完成调查数据验收。

5. 每月 20—25 日，国家统计局人口和就业统计司进行调查数据审核、验收。

6. 每月 26—30 日，国家统计局人口和就业统计司进行数据评估、加权汇总。

如遇节假日调查时点调整，时间节点做相应变动，以人口和就业统计司通知为准。

PAD 及平台使用方法详见《劳动力调查数据采集操作手册》《劳动力调查平台操作手册》。

二、劳动力调查抽样方案

劳动力调查在全国 31 个省（区、市）开展，包括城镇和乡村地域。

（一）抽样目标

一是满足城镇调查失业率等主要劳动力指标数据对国家及分省

（区、市）有较好代表性。其中，全国城镇调查失业率在90%的置信度下，相对误差控制在2%以内；分省（区、市）城镇调查失业率在90%的置信度下相对误差在10%以内，个别人口较少的省（如青海、宁夏、新疆等）相对误差在15%以内，西藏相对误差在20%以内。二是在保证抽样代表性的基础上，样本量与基层调查力量、调查对象负担、经费保障相适应。

（二）抽样总体与抽样框

抽样总体为全国31个省（区、市）全部住户，不包括全户为非中国公民的住户，也不包括中小学宿舍、军营、监狱中的集体户。各省（区、市）为次总体。

以第七次全国人口普查的居（村）委会名录库为基础，对住户数量偏少的居（村）委会进行适当整理，整理后的居（村）委会统称为初级抽样单元。以初级抽样单元的名录库作为初级抽样框。抽中的初级抽样单元内所有的住房单元作为次级抽样框。

定期更新抽样框。当拆迁或新建住房单元数量超过原住房单元数量的10%时，需对次级抽样框进行更新，去除框内拆迁的住房单元，补充新建的住房单元。整体拆迁的初级抽样单元退出调查。每年4月和10月更新次级抽样框。

（三）抽样方法

采用分层、二阶段、与住房单元数多少成比例（PPS）和随机等距相结合的方法，抽取初级抽样单元和住房单元。

1.抽取初级抽样单元

在每个省（区、市），按城乡分层，采用与住房单元数多少成比例（PPS）方法抽取预定数量的初级抽样单元。

2.抽取住房单元

在抽中的初级抽样单元内，将住房单元按照地理位置相邻原则，编成 4 户一组的住户组，按照随机等距原则抽取住户组，确定抽中的住房单元。

（四）样本量的确定

根据抽样设计，综合考虑人口结构、抽样设计效应、调查力量配置、经费保障等情况，确定全国及各省（区、市）样本量。

全国每月共调查约 34 万户，每个初级抽样单元每月调查 16 户，共涉及约 2.1 万个初级抽样单元。分省（区、市）每月调查样本量见附表 1。

（五）样本轮换模式

抽中的初级抽样单元原则上 5 年保持不变。样本户采用 2–10–2 轮换模式，即一个住户连续 2 个月接受调查，在接下来的 10 个月中不接受调查，然后再接受连续 2 个月的调查，之后退出样本。样本轮换能达到如下目标：

1.除第一年外，每个月都有 1/4 的样本接受第一次调查，1/4 的样本接受第二次调查，1/4 的样本接受第三次调查，1/4 的样本接受第四次调查。

2.月度之间样本有 50% 重复。

3.年度之间相同月份样本有 50% 重复。

样本轮换示意图见附表 2。

（六）加权方法

全国及分省（区、市）劳动力调查指标根据调查样本数据加权汇总得到。汇总权数依据抽样概率、权数调整系数、无响应调整系数、评估调整系数等确定，由国家统计局人口和就业统计司统一计算。

三、我县劳动力调查的样本点

（一）2017—2018 年（15 个）

01. 鹤城街道塔下社区

02. 鹤城街道月里湾社区

03. 鹤城街道宝幢社区

04. 温溪镇温溪村委会

05. 温溪镇东岸村委会

06. 东源镇平溪村委会

07. 高湖镇高湖村委会

08. 高湖镇良川村委会

09. 船寮镇船寮村委会

10. 海口镇南岸村委会

11. 季宅乡黄放口村委会

12. 舒桥乡道彭村委会

13. 吴坑乡泉城村委会

14. 阜山乡阜山村委会

15. 石溪乡溪口村委会

（二）2019 年至 2021 年 5 月（1 个）

船寮镇船寮村委会

（三）2021 年 3 月至今（3 个）

01. 油竹街道芝竹社区

02. 瓯南街道水南社区

03. 温溪镇沙埠村村委会

第四章

调研文章目录

（以获奖文章为主）

1."赌风"已有好转，但查禁工作尚需加强——我县农村刹"三风"追踪问卷调查之一（1988年3月22日陈海民撰）

2.透视耕地"消瘦"引出深层反思（1988年6月20日 郭海光撰）

3.找准增长点，发展旅游业——发展青田旅游业初探（1994年10月5日刘正火撰）

4.农村奔小康，路程已过半——青田农村小康问题探索（1998年9月14日刘正火撰）

5.加强社区建设，保障人民安居乐业（2002年洪祖荣撰，荣获2002年度全省农调系统优秀统计分析报告二等奖）

6."一廊两组团"思路正确，工业园区建设态势良好——青田工业园区发展情况调查（2003年7月28日刘正火撰，荣获2003年度全省农调系统优秀统计分析报告二等奖）

7.青田县农村居民收入差距扩大的原因与对策（2003年11月25日洪祖荣撰，荣获2003年度全省农调系统优秀统计分析报告三等奖）

8.一次统计执法的前前后后（2003年12月29日刘正火撰，荣获丽水市统计局举办的"金马杯"纪念《统计法》颁布二十周年有奖征文二等奖）

9.青田矿业企业职工危害现状调查（2004年9月30日曹旭娥撰，荣获2004年度全省农调系统优秀统计分析报告二等奖）

10.农民专业合作社组织发展情况的调查（2005年9月曹旭娥撰，

荣获 2005 年度全省农调系统优秀统计分析报告二等奖）

11. 青田县农村土地使用权流转情况的调查（2009 年 12 月 31 日洪祖荣、徐向艳撰，荣获浙江省统计系统 2009 年度统计分析评审二等奖）

12. 浅议影响统计数据质量的因素和对策（2013 年 11 月 7 日徐向艳撰，荣获丽水市统计系统 2013 年度调研课题评审三等奖）

13. 浅析青田农民收入"倍增"之路（2013 年 11 月 22 日倪福彬撰，荣获丽水市统计系统 2013 年度调研课题评审三等奖）

14. 青田杨梅产业可持续发展路径探析（2015 年 10 月 30 日夏晓珍、徐向艳撰，荣获丽水市统计系统 2015 年度调研课题评审二等奖）

15. 浅议影响住户调查数据质量的因素和对策建议（2015 年 11 月 3 日倪福彬、邬荣福撰，荣获丽水市统计系统 2015 年度调研课题评审一等奖）

16. 民宿发展形势良好，产业链待加强——青田民宿旅游发展的调研报告（2016 年 11 月 1 日徐向艳、黄夏真撰，荣获 2016 年度全省调查队系统优秀分析报告二等奖）

17. 浅谈大数据对农产品生产者价格调查的影响（2016 年 11 月 3 日夏晓珍、邬荣福撰，荣获丽水市统计系统 2016 年度调研课题评审一等奖）

18. 青田职业女性二孩生育意愿调查报告（2017 年 6 月 2 日徐向艳、黄夏真撰，荣获丽水市统计系统 2017 年度调研课题评审二等奖，荣获全省调查队系统 2017 年度县级调查队优秀分析报告二等奖）

19. 浅谈网络统计调查及其运用（2017 年 12 月 1 日邬荣福撰，荣获全省国家调查队系统 2018—2020 年制度方法研究文章三等奖）

20.SWOT 分析法下探究青田县全域旅游发展（2018 年 10 月 1 日黄夏真撰，荣获全省调查队系统 2018 年度优秀分析报告三等奖）

21. 乡村振兴战略实施中的特色生态农业发展分析——青田县特色生态农业发展情况调查报告（2018 年 11 月 5 日徐向艳、王贵撰，荣获丽水市统计系统 2018 年度调研课题评审三等奖）

22. 浅谈住户辅助调查员的管理（2019 年 11 月 18 日夏晓珍、陈项通撰，荣获全省国家调查队系统 2018—2020 年制度方法研究文章三等奖）